116 mal Lübeck

Denkmalschutz
Sanierung
Neue Architektur

Manfred Finke

116mal Lübeck

Denkmalschutz
Sanierung
Neue Architektur

25 Jahre Umgang mit einem Stadtdenkmal

Herausgegeben von der
Bürgerinitiative Rettet Lübeck BIRL e. V.

Das Buch 116 mal Lübeck ist ein Projekt der Bürgerinitiative Rettet Lübeck und erscheint zum 25-jährigen Bestehen der BIRL.

Redaktion und Lektorat:
Roland Vorkamp, Karin Rincke, Gerhard Pröpper und Ulrich Büning.

Dank

Die BIRL dankt der Deutschen Stiftung Denkmalschutz für die außerordentlich großzügige Unterstützung bei der Finanzierung unserer Druckkosten. Ohne diese Förderung hätte unser Buch nicht erscheinen können.

DEUTSCHE STIFTUNG
DENKMALSCHUTZ

Wir danken auch dem Bund Deutscher Baumeister BDB, der uns mit seiner von Peter Kröger und Nicola Petereit vermittelten Spende ebenfalls ein großes Stück weiterhalf.

Dank gebührt natürlich in erster Linie den BIRL-Mitgliedern, den wohlmeinenden Bekannten und Freunden, deren viele kleine und große Spenden den Grundstock für unser Vorhaben legten.

Dank für Rat, Auskunft und Hilfe bei der Bildbeschaffung schulden wir insbesondere Frau Dr. Möhlenkamp, Frau Dr. Hunecke, Herrn Oldenburg und Frau Übelein vom Bereich Denkmalpflege, Herrn Dr. Mutz und Frau Biel vom Kirchenbauamt, Herrn Cantstetter und Frau Hamann vom Bereich Stadtplanung, den Bauforschern Jens Holst und Michael Scheftel, den Architekten Kuno Dannien, Klaus Mai, Helmut Riemann, Nicola Petereit, Thomas Tillmann und Werner Peters, Frau Butt von der Firma Ochsenfarth sowie den Restauratoren Linde und Karl Heinz Saß. Herr Dr. Siewert stellte uns freundlicherweise die Karte „Denkmalbestand und Zielplanung" für die sechs Teile unseres Rundgangs zur Verfügung.

Der Hansestadt Lübeck zahlten wir für fünf Abzüge von Archivbildern eine Veröffentlichungsgebühr von DM 200,–.

Die Deutsche Bibliothek – CIP-Einheitsaufnahme

Ein Titeldatensatz für diese Publikation
ist bei der Deutschen Bibliothek erhältlich.

Inhalt

Vorwort

Mit diesem Buch soll nicht die Reihe alternativer Führer verlängert werden. Wir wollen vielmehr
- **auf gut sanierte Häuser hinweisen,**
- **anspruchsvolle neue Architektur vorstellen und**
- **auf beispielhafte Maßnahmen der Denkmalpflege aufmerksam machen.**

Eine Verbindung aus Sanierung, Denkmalschutz und moderner Architektur ist ja längst nicht mehr gewöhnungsbedürftig. Der alte Gegensatz zwischen Denkmalpflegern und Architekten ist zwar nicht aufgehoben, muß aber nicht zwangsläufig zu Konflikten führen. Die verbliebenen Altstädte werden als gemeinsames Arbeitsfeld verstanden: es geht um die Erhaltung und Pflege des Erbes und um eine dem Rang des Bewahrten ebenbürtige Erneuerung. Die verpflichtende Klammer ist Qualität. Das ist das Thema dieses Buches.

Lübeck hat seine Altstadt lange vernachlässigt, ja: vergessen. Doch seit den 1970er und 80er Jahren ist viel geschehen, um das Herz der alten Hansestadt zurückzugewinnen. Zu keiner Zeit ist in Lübeck soviel saniert und restauriert worden wie in den letzten Jahrzehnten. Wenn diese Entwicklung zum Positiven „nachhaltig" sein soll, also von Dauer, muß der eingeschlagene Weg fortgesetzt werden. Es gilt, das Erreichte nicht zu verspielen und mehr als bisher auf Qualität zu setzen.

Immer noch wird Lübecks Erscheinungsbild entscheidend von den historischen Bauten bestimmt. Stadtwerber und Geschäftsleute denken mittlerweile vereint darüber nach, wie man dieses Image zu einem positiv wirkenden „Standort-Faktor"umsetzen könnte. Das historisch-hansische Stadtbild soll mehr Touristen anziehen und für mehr Umsatz in den Altstadtgeschäften sorgen. Die Konzept-Entwickler denken an eine Stadt, deren Attraktivität sich aus schmückender Präsentation des Alten und aus guter Gestaltung des Neuen ergibt. Allen Beteiligten müßte dabei bewußt sein, daß diese Altstadt, die man verwerten und benutzen möchte, ein unersetzliches Gut ist. „Wir haben kein zweites Welterbe im Keller", wie jemand treffend sagte. Und für billige „events" ist die Altstadt zu schade – und zu teuer.

Denkmalpflege und Stadtgestaltung sind natürlich nicht nur dazu da, der Wirtschaft zu mehr Umsatz zu verhelfen – ein Denkmal ist in erster Linie ein Dokument der Geschichte, eine Quelle für die Forschung, Objekt der Anschauung, des Vergleichs und des Maßstabs. Die Bewohner und Besucher der Stadt sollten ihre Denkmäler kennen und ihre Botschaft verstehen. Deshalb ist die Art und Weise, wie mit der Altstadt umgegangen wird, weniger eine Frage guten oder schlechten Geschmacks, sondern vielmehr von Information und Sachkenntnis. Wir möchten dazu beitragen, dass die dem alten Lübeck entgegengebrachte Wertschätzung fachlich begründet und damit nachhaltig ist.
Mit einer nostalgischen Brille ist der Altstadt nicht zu helfen. Wir alle, Bewohner, Besucher, Nutzer, Eigentümer, müssen uns zur Einsicht bequemen, dass die Altstadt nur dann eine Zukunft hat, wenn ihre Vergangenheit ernst genommen wird.

Das Buch beginnt mit einem Überblick über das Baugeschehen von der Nachkriegszeit bis zur Gegenwart: „Fünf Jahrzehnte Altstadt". In dieser Darstellung klingen auch einige Leitgedanken an, die zum heute vorhandenen Erscheinungsbild der Altstadt geführt haben mögen.

Der Hauptteil ist ein bebilderter Rundgang. Die Idee dazu geht auf einen „Kritischen Altstadt-Spaziergang" zurück, den wir gegen 1980 verfassten – heute längst überholt und vergessen. Im vorliegenden Buch sind 116 Besichtigungs-Objekte versammelt, eine eher zufällige Zahl, es hätten auch 110 oder 150 sein können. Mit diesem Rundgang wollen wir verdeutlichen, wie seit Beginn der Sanierungstätigkeit in den 1970er Jahren mit der Altstadt umgegangen worden ist. Diese Objekte sind nicht nur herausgehobene Einzel-Bauwerke; in vielen Fällen sind auch Straßenbilder und Sanierungsschwerpunkte unter einer Rundgang-Nummer zusammengefasst. –

Unsere wesentliche Absicht ist, positive Entwicklungen herauszustellen und Aufmerksamkeit für lobenswerte Dinge zu wecken, die normalerweise gern übersehen werden. Aber es wird nicht nur gelobt: Wir möchten auch sagen, was man – aus heutiger Sicht – falsch gemacht hat und was versäumt worden ist. Dazu sind auch einige wichtige Maßnahmen aus den 1950er und 60er Jahren mit aufgenommen worden. Wir konnten auch nicht gut an den historischen Großbauten vorübergehen: In ihnen manifestiert sich der Wiederaufbau-Wille der Nachkriegsjahre. Zu erwähnen sind auch wichtige Restaurierungsarbeiten aus jüngster Zeit, zu denen insbesondere Wandmalereien gehören.

Mit dem Rundgang machen wir dem Leser natürlich nur einen Vorschlag. Unermüdliche können ihn durchaus Punkt für Punkt abgehen, in einem Stück sozusagen. Man sollte sich aber lieber etwas Zeit lassen. Deshalb haben wir einige Zwischen-Überschriften gesetzt, in denen sich etwas von den Eigenarten der historischen Quartiere widerspiegelt, die aber auch etwas über neue Gemeinsamkeiten als Folge aktueller Entwicklungen sagen. Darin mag man erkennen, dass auch eine Altstadt sich weiterentwickelt.

Drittens haben wir eine Zusammenstellung des Lübecker Sanierungsgeschehens der letzten Jahrzehnte versucht. In dieser nach Straßen geordneten Auflistung ist in kompakter Form die wichtigste Information zur Sache zu finden. Und Sache heißt bei uns: wie weit ist es gelungen, den Originalwert des Denkmals und seine Aussage zu erhalten? – Mit dieser Liste ist der Nutzer unseres Buches in der Lage, seine Rundgänge nach eigenen Wünschen selbst zusammenzustellen.

Die Bürgerinitiative Rettet Lübeck entstand im fernen Denkmalschutzjahr 1975 aus Protest gegen eine hemmungslose Abbruchwelle in Lübeck. Die BIRL ist also seit einem Vierteljahrhundert aufmerksam-kritischer „Zeitgenosse": sie hat das Bau- und Sanierungsgeschehen in der Altstadt nicht nur intensiv begleitet, sondern in gewisser Hinsicht auch mitgestaltet. Da die BIRL weder zur Verwaltung noch zur Wirtschaft gehört, ist ihre Sicht möglicherweise willkommen. Wir hoffen es jedenfalls und bitten um Nachsicht, wenn uns in unserer Darstellung etwas zu schief geraten sein sollte.

Willkommen in der Altstadt!

Bürgerinitiative Rettet Lübeck BIRL e.V.

Fünf Jahrzehnte Altstadt

Trotz des verheerenden Luftangriffs 1942 stand von der vormaligen „Königin der Hanse" nach dem 2. Weltkrieg noch allerhand aufrecht. Große Teile der Altstadt, fast die gesamte Ostseite, der Südwesten an der Obertrave und das ehemalige Schifferquartier im Nordwesten, waren dem Feuersturm entkommen.

Vernichtet waren insbesondere die bereits in der wilhelminischen Ära, in den 20er und 30er Jahren zu reinen Einkaufszonen ausgebauten alten Geschäftsstraßen. Hier, zwischen Klingenberg und Stadttheater, setzte nach 1948 der Wiederaufbau ein, zögernd erst, dann in immer schnelleren Schritten. Die alteingesessenen Kaufhäuser, Betriebe und Läden waren bald wieder da – in neuer, zeitgemäßer Gestalt.

Die Stadt Lübeck leistete mit neuen Behördenbauten einen gewichtigen Beitrag zu dieser Entwicklung: In den 1950er- und frühen 60er Jahren entstanden Stadthaus 1 und 2 als Rathaus-Erweiterung am Markt, Gesundheitsamt und Schwimmhalle zwischen Schmiedestraße und Marlesgrube, die „Kaufmännische Berufsschule" und die „Hauswirtschaftliche Berufsschule" im sogenannten „Gründerviertel" und „Gewerbeschule I" an der Dankwartsgrube, die Turnhalle der Frankeschule an der Schildstraße sowie die Erweiterung des Baudezernats zwischen Kleinem Bauhof und Obertrave.

Das Aussehen der wiederaufgebauten und neu errichteten Häuser wurde überwiegend gelobt. „Historisch gewachsene Schönheit und Eigenart wurden mit den Erfordernissen

Dom um 1960. Der Chor ist eine Ruine. Die Hoffnung auf Rettung, gar Wiederaufbau scheint aufgegeben. Auf dem Langhaus der Kirche immerhin ein Notdach aus Wellblech. Währenddessen wachsen die Turmhelme – die Silhouette muss wieder her!

unserer Zeit in Einklang gebracht", urteilte die Presse damals. Zur gleichen Zeit kamen Pläne auf den Tisch, die enge Altstadt mit Straßenverbreiterungen, Straßenbegradigungen und einer Innenstadt-Tangente für den modernen Autoverkehr umzurüsten – trotz der Entscheidung der Bürgerschaft, den historischen Stadtgrundriss zu erhalten. Man wollte „City".

Die alten Quartiere hatte man irgendwie vergessen, für sie gab es keine Verwendung, keine vorsorgende Planung, keine Zukunft. Als Wohnort war die Altstadt abgemeldet. Weit draußen am Stadtrand Lübecks entstand gleichzeitig eine riesige Anzahl neuer Wohnungen – nicht nur, um 90.000 Flüchtlinge zu integrieren, sondern auch, um Altstadt-Bewohnern „gesunde und helle Wohnungen im Grünen" zu bieten. Wer irgend konnte, zog jetzt 'raus nach Eichholz, Brandenbaum, Buntekuh. Die Altstadt verarmte, wurde vernachlässigt, gehörte offensichtlich nicht mehr in die neue Zeit. Der „ärmliche Charakter der alten Gruben und Straßen" wurde durchaus bemerkt und als dem Fortschritt hinderlich empfunden. Dass auch diesen Quartieren einmal die Stunde schlagen würde, schien gewiß: 1936-1939 hatte man bereits einige Erfahrungen mit großflächigen Abbrüchen gemacht.

Für die Lübecker war es dagegen selbstverständlich, dass die im Kriege ausgebrannten Kirchen wiederhergestellt werden mussten. Die Rettung der einsturzgefährdeten Marienkirche 1948/49 gehört zwar längst zum unerschöpflichen Vorrat lübscher Helden-Legenden, sie ist aber, auch im Vergleich zu anderen spektakulären Maßnahmen im Nachkriegsdeutschland, etwa der Rettung des Halberstädter Doms, doch eine große Tat gewesen. Und die Vervollständigung der berühmten, 1942 von sieben auf zwei Türme geschrumpften Stadtsilhouette muss den Lübeckern eine Herzensangelegenheit gewesen sein. 1961 glänzten die kupfernen Turmhelme wieder in alter Pracht.

Vom Wirtschaftwunder bis zur „Heiligen Dreieinigkeit"

Anfang der 60er Jahre sind die Trümmerfelder an den Einkaufsstraßen beseitigt. Eine durchschnittliche, magere Geschäftshausarchi-

Stadthaus am Markt, 1955 bezogen. Bauaufgaben dieser Größenordnung, dazu an prominentesten Standorten, löste die Baubehörde damals selbst – und das nicht einmal schlecht. Die für die Wiederaufbauzeit typische Formensprache hat aus heutiger Sicht durchaus lübsche Qualitäten. Es hätte Gründe genug gegeben, dieses Stadthaus – wie den Nordriegel rechts daneben – als Denkmal zu erhalten.

tektur macht sich hier breit. Breit im Wortsinne: Schon 1947/48 hatten sich Grundstückseigner, Kaufleute und Baudirektor Georg Münter darauf geeinigt, die überkommen, handtuchschmalen Parzellen und die traditionelle Giebelstellung beim Wiederaufbau aufzugeben. Das neue Stadtbild wird von breiten, traufständigen Häusern mit flachgeneigten Dächern bestimmt. Die Fassaden zeigen überwiegend nackte Ziegelflächen, seltener Betonfachwerk oder Fliesenverplättelung. Wer hier heute Qualität sucht, findet vielleicht zwei oder drei Beispiele im gesamten Neubaugebiet. Die Commerzbank-Fassade Breite Straße 44 gehört sicherlich dazu, vielleicht auch die Kleinmosaik-Front des Rieckmann-Kaufhauses an der Sandstraße.

Selbst die fast einheitlich Ziegel-tönende, zum Kohlmarkt aufsteigende Holstenstraße lässt keine nostalgischen 50er-Jahre-Gefühle aufkommen. Die Markt-Riegel, die seit 1955 das Rathaus einfassen, sind eigentlich nur deshalb bemerkenswert, weil sie durch ihre Kargheit den touristischen Blick ganz auf die Großdenkmalgruppe Marienkirche-Rathaus konzentrieren.

Was weniger bekannt ist: In diesen hoffnungs- frohen Wiederaufbaujahren, als in der Öffentlichkeit heftig über das Aussehen der neuen Geschäftshäuser und über die Markt- Umbauung gestritten wird, verschwindet in den scheinbar so stillen Altstadtstraßen ein Haus nach dem anderen. Aus heutiger Sicht geschieht das ohne zwingende Not: die damals weggeräumten Häuser wären heute problemlos zu erhalten und zu sanieren, wenn es sie noch gäbe. Einige bedeutende Beispiele seien hier genannt:

- 1954: Hundestraße 92, ein großes Giebel- haus von etwa 1285. Die bis dato fast unverändert erhaltene Hochblenden-Fassade gehörte zu den ältesten in Lübeck,
- 1954: Schildstraße 2/4 (Nr. 2 mit barocker Großdiele),
- 1954: Fischergrube 82, ein prächtiges Haus der Renaissance,
- 1954: Dr. Julius-Leberstraße 26-30, ein gotisches Giebelhaus und ein barocker Speicher,
- 1956: Ahrens Torweg, Beckergrube 28, eine Renaissance-Reihenhaus-Anlage,
- 1957: An der Untertrave 83, ein mächtiges Giebelhaus des 16. Jahrhunderts,
- 1958: Königstraße 77, gotisch hinter klassizistischer Fassade, mit eindrucksvollem Gewölbekeller,
- 1960: die kurz nach 1600 errichteten Arkadenhäuser an der Schrangen-Südseite,
- 1962: das wohl monumentalste Brauerhaus, Wahmstraße 32, von etwa 1620/30.

Wahmstraße 32. Eines von vielen unnötigen Opfern einer Zeit, in der „Anschluß ans Wirtschaftswun- der" mit Abbruch hinderlicher Altbauten gleichge- setzt wurde. Dieses monumentale Brauerhaus von etwa 1600 verschwand 1962. An seiner Stelle heute ein Mietblock mit 12 Wohnungen.

Die Niederlegung der Renaissance-Reihe am Schrangen durch das Kaufhaus Anny Friede ist das Signal zu allgemeinem Aufbruch pro Abbruch. 1965 fällt das Renaissance-Gebäude

„Altstadt kracht – Bargeld lacht": ein Spruch aus den wilden Jahren 1974/1975, als über der Altstadt wirklich das Totenglöckchen läutete. Hier – in der Fleischhauerstraße – fielen damals im Kern 6 mittelalterliche und nicht erforschte Bürgerhäuser einem Neubau-Komplex zum Opfer, der bis heute eine schwere städtebauliche Hypothek für die Straße darstellt.

Große Burgstraße 55 mitsamt dem klassizistischen Nachbarhaus Nr. 57. 1967 wird die spätgotische Kapelle Maria am Stegel abgebrochen, um die Kreuzung Mengstraße-Schüsselbuden „verkehrsgerecht" ausbauen zu können. Dieser als Maßstabgeber für die hochragenden Marientürme unverzichtbare Bau war 1942 zwar ausgebrannt, hätte aber problemlos wiederhergestellt werden können. 1968 muß die im Kern mittelalterliche Häuserreihe Mühlenstraße 34-48 dem C&A-Kaufhaus weichen. 1970 macht ein Grundstücksspekulant dem „Stützensaal" An der Mauer 130-140 ein Ende – für das letzte Laubenganghaus Lübecks rührt sich keine Hand. Für die Erweiterung des Zollamts wird 1972 der mächtige barocke Speicher Untertrave Nr. 57 weggerissen. Ein Möbelhaus namens Frentzen legt 1975 die mittelalterliche Häuserreihe Fleischhauerstraße 64-72 um; die

Ortskrankenkasse tut 1976 ein gleiches auf der anderen Straßenseite mit den Häusern Fleischhauerstraße 51, 53 und 59 (wozu das gut war, ist die Frage: Frentzen gibt's lange nicht mehr und die AOK ist 1997 an den Bahnhof gezogen).

Stadtplaner und Politiker haben diese Entwicklung damals nicht etwa hilflos beobachtet, sondern hilfreich befördert: In jenen forschen Aufbaujahren träumen Stadt und Investoren gemeinsam davon, ganze Baublöcke abzuräumen und ertragreich modern zu bebauen. Allerdings ist das Bürohaus am Klingenberg einziges Denkmal dieser Bemühung geblieben.

Eine besondere Erwähnung verdient der bis heute totgeschwiegene Skandal um die Sanierung des Weltrang-Denkmals Heiligengeist-Hospital am Koberg: dieser Maßnahme fällt nach 1972 u.a. der Großteil der intakten eichenen Dachstühle von 1286 zum Opfer.

Doch irgendwann ist es zu viel. Die Öffentlichkeit wacht auf. Altstadtsanierung und Denkmalpflege werden zu heiß diskutierten Themen. Die altehrwürdige „Gesellschaft zur Beförderung Gemeinnütziger Tätigkeit" zeigt 1972 eine aufrüttelnde Foto-Dokumentation mit dem Titel „Rettet Lübeck". Erste Konsequenz ist die Gründung des „Lübeck-Forums", ein Zusammenschluss engagierter Bürger, dem auch einige Geschäftsleute angehören. 1975 entsteht die „Bürgerinitiative Rettet Lübeck" (BIRL) aus Protest gegen die Abbruchserien in der Fleischhauerstraße und am Schrangen. Der Zorn richtet sich auch gegen einen fatalen Bürgerschaftsbeschluß: im „Europäischen Jahr des Denkmalschutzes" beschließen Lübecks Politiker sinnigerweise, den Geschäftsbereich – das Kerngebiet – auf die gesamte Altstadtinsel auszuweiten, was einem Todesurteil für die Altstadt gleichkommt. Die Rücknahme dieses Beschlusses ein Jahr später darf als eigentlicher Beginn der Altstadt-Wiederbelebung betrachtet werden.

Dabei war durch die Verabschiedung des „Städtebau-Förderungsgesetzes" im Bundestag (1971) längst Bewegung in die Sache gekommen. In der Lübecker Bauverwaltung ahnt man, dass da etwas zu machen ist. Unter der Leitung von Hans Dieter Schmidt, dem späteren Bausenator, installiert die Baubehörde eine „Arbeitsgruppe Sanierung". Erstmals werden Zielvorstellungen formuliert, nach denen die Altstadt zukünftig bewertet und überplant werden soll: Der daraus resultierende „Gleichrangigkeitsbeschluß" der Bürgerschaft setzt Kulturdenkmal, Wohnen und City auf eine Stufe. Die BIRL spricht damals von der „Heiligen Dreieinigkeit": uns erschien die gemeinsame Klammer Denkmal wie eine Art „Heiliger Geist". Kurioserweise hat diese eigenartige Konstruktion bis heute Bestand und ist weiterhin Grundlage der Nachfolge-Planungen: Rahmenplan Sanierung, Straßenatlas, Verkehrsberuhigungskonzept u. a.

Die Grundstücksgesellschaft TRAVE wird zum offiziellen Sanierungsträger bestellt. Sie koordiniert als Treuhänder der Stadt Lübeck die Absprachen zwischen Bauherren, Architekten, Denkmalpflegern und Stadtplanern und wacht über korrekten Einsatz der öffentlichen Mittel in den nach Städtebauforderungsgesetz ausgewiesenen Sanierungsgebieten. 1975 formiert sich auch die „Althaus-Sanierer-Gemeinschaft": In der Altstadt wohnen, in einem mit eigener Hände Zutun denkmalbewusst sanierten historischen Haus leben, das können sich plötzlich auch einige bürgerliche Gehaltsempfänger und Freiberufler vorstellen. Die ersten „privaten" Haus-Instandsetzungen bestaunen die Passanten in der Hundestraße (Nr. 35, Nr. 64), an der Obertrave, in der Engelswisch – Initialzündungen für viele Nachfolger.

Sanierung muss gelernt werden

Die Mitte der 1970er Jahre massiv einsetzende Sanierungs-Tätigkeit ist in mehrerer Hinsicht überaus erfolgreich gewesen. Wichtigstes Ergebnis ist wohl, dass man in der Altstadt wieder wohnt und dass die Altstadt als Wohnort geschätzt wird. Mit der Altstadt als „Zentrum Lübecks" identifiziert sich wieder die gesamte Lübecker Bevölkerung. Der Denkmal-Status der Altstadt erfreut sich eines überregionalen Rufes und ist Grundlage eines anspruchsvollen Städte-Tourismus. Damit sind auch die Chancen der ansässigen Wirtschaft entscheidend verbessert worden. Die Altstadtsanierung ist ohne Zweifel die bedeutendste Leistung der Stadt Lübeck der 70er und 80er Jahre.

Ein zu Herzen gehendes Abbruchbild: Sanierung ist noch neu und fordert Opfer. Ein teurer Lernprozeß (Untertrave 43/44, 1977).

1950er und 60er Jahre. Um die „Gesundung" dieser un-gesteuerten und vernachlässigten Stadtteile planen zu können (sanieren heißt ja nichts anderes als gesund machen), müssen jetzt grundsätzliche Fragen beantwortet werden. Etwa: wozu und wem soll das zu sanierende Quartier im inzwischen gewandelten Stadt-Zusammenhang zukünftig dienen, also: soll hier weiterhin oder wieder gewohnt werden, wenn ja: wer? Oder sollen Handel und Wandel sich stärker ausbreiten, besteht ein Gemeinbedarf an Schulen, Spielplätzen und dergleichen? Was „gesund" ist, hängt von der politischen Windrichtung, von den momentan herrschenden Überzeugungen in den Fachämtern und von den gerade laufenden Förderprogrammen ab, also vom Geldgeber. Das bedeutet, dass es bei der Festlegung städtebaulicher Mißstände keine objektiven Kriterien gibt, sondern konkurriende Interessen.

Sanierung muss aber offenbar erst gelernt werden. Die in den ersten Jahren nach 1975 in Lübeck praktizierte Objektsanierung der Wohnungsbauträger hat uns zwar hier und da „liebevoll" aufgewertete Straßenbilder beschert, aber auch ein Übermaß an Vernichtung erhaltenswerter historischer Substanz, das in Lübecks ziviler Geschichte seinesgleichen sucht.

Sanierung will Ordnung schaffen. Die offiziell festgestellten städtebaulichen Mißstände, die als Sanierungsanlässe herhalten, sind die Folge, um nicht zu sagen: die Strafe für die unzureichende, wenn nicht gar fehlende planerische Vorsorge für die Altstadt während der

Das historische Haus und die überkommene Struktur eines ganzen Straßengeviers stehen in dieser Diskussion an letzter Stelle. Bis auf wenige, ausdrücklich als Denkmale abgesicherte Sonderfälle büßen die Häuser ihre historischen Innenstrukturen in den ersten Sanierungs-Kampagnen weitgehend ein. Typisch z.B. die Planung für das Haus Langer Lohberg 46: die Rokoko-Küche auf der Diele des in seiner Gesamtheit denkmalgeschützten Hauses wird Heizöl-Lager, die alte Vorderdornse (Stube) nimmt die Mieterwaschküche auf. – Kritik an dieser Praxis wird zurückgewiesen. Noch der von 1986-1991 amtierende Bausenator Stimmann behauptet mit Nachdruck: Städtebauförderung ist „ein reines Wohnungsbauprogramm und hat mit Denkmalpflege nichts zu tun".

Gottfried Kiesow, hessischer Landeskonservator und seit 1990 Chef der „Deutschen Stiftung Denkmalschutz", hält ihm entgegen, dass man das Gesetz auch pro Denkmalpflege lesen könne. Man müsse es aber wollen.

Mit dem von der VW-Stiftung mitfinanzierten „Forschungsprojekt Lübecker Altstadt" wendet sich das Blatt (1979-1985). Die für Lübecks Hausbau-Geschichte grundlegenden Erkenntnisse der Wissenschaftler dringen langsam auch zu Architekten und Bauträgern vor. Damit besteht jetzt die Chance, dass aufgedeckte historische Bau- und Ausstattungs-Befunde erkannt, richtig interpretiert und die zu ihrer

Erhaltung richtigen Schlüsse gezogen werden. Die Sanierungsplaner lernen, dass ihr Ideal der „Kleinkörnigkeit" im Bau-Befund der mittelalterlichen Brand- und Grundstücks-Begrenzungsmauern seit 700 Jahren vorhanden ist. Diese „Kommun-Mauern" sind aber nicht nur der steinerne Beweis der ursprünglichen Parzellen-Einteilung: Mit ihren Malerei-Resten, Balkenlöchern und Wand-Abdrücken sind diese oft noch bis zur Traufe vorhandenen Wände von größtem Wert für die Erforschung der Lübecker Hausbau-, Sozial- und Wirtschaftsgeschichte und damit „unberührbar". Auch über die frühere Nutzung der Räume und die damit verbundenen historischen Ausstattungs-

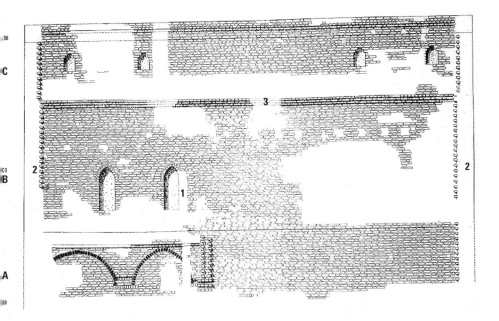

Ein „steingerechtes" Aufmaß einer mittelalterlichen Brandwand (= „Kommun-Mauer"). Solche Aufmaße wurden mit dem „Forschungsprojekt Innenstadt" nach 1980 in Lübeck eingeführt. Mit geschulten Augen ist man in der Lage, aus dieser Zeichnung die Hausbau-Geschichte abzulesen. – Ob und wieweit die zur Erhaltung des Befundes notwendigen Entscheidungen getroffen werden, ist allerdings Sache des Denkmalpflegers, des Bauherrn und seines Architekten.
A Keller. Schildbögen der verlorenen Wölbung des zur Straße gelegenen früheren „Kaufkellers" mit Anzahnung der hinteren Querwand. B Diele (Erdgeschoß) mit 1 Licht- oder Schranknischen, 2 Anzahnungen der Straßen- und der Hoffassade, 3 Balken-Auflager. C Obergeschoß („Unterboden") mit Lichtnischen. Dargestellt ist die Südwand von Königstraße 30, errichtet um 1290 (vergl. Rundgang-Nr. 58).
Aufmaß und Zeichnung: Michael Scheftel.

Die Kommunwände waren nicht backsteinsichtig. Im Obergeschoß von Königstraße 57 war eine rote Quadrierung auf weißem Grund erhalten – in gleicher Qualität wie in der Katharinenkirche, typisch für das frühe 14. Jahrhundert. 1992 für die „Königpassage" abgebrochen.

volle Böden-Konstruktionen ganze Wälder verbaut zu sein scheinen. Das Land Schleswig-Holstein tritt hier in Personal-Union als Bauherr, Investor und Planer auf und mischt sich auch stark in die Denkmalpflege-Zuständigkeit Lübecks ein. Erst in der Schlussphase wird Bauforschung noch zugelassen – sie bleibt ohne Folgen für das von Beginn an feststehende Nutzungskonzept. Die über 60 Millionen Mark schwere Maßnahme führt nicht nur zum Verlust der originalen Außenfenster mitsamt ihren alten Glasscheiben. Auch die gesamte alte Dachdeckung verschwindet; die alten, womöglich noch originalen Außen-Putze werden abgeschlagen. Das Eckhaus Obertrave 16, 1805 vom bedeutenden Architekten Joseph Christian Lillie erbaut, wird abgebrochen, ebenso die im Kern gotische Kleinhausreihe

Muster steht jetzt viel mehr Wissen zur Verfügung. Aufgefundene Originalsubstanz – das Spektrum reicht von bemalten Zimmerdecken bis zu alten Dachsteinen – muss nicht mehr so schutzlos zur Disposition stehen wie vor 20 Jahren. Wie gesagt: wenn man will.

Einen wesentlichen Beitrag zu diesem Lernprozeß leistet das Unternehmen Musikhochschule, 1974 ist man noch der Meinung, den hochkarätigen Baublock zwischen Petersgrube und Depenau, einem Herzstück der Altstadt, nur in Form einer Großstruktur retten und wieder mit Leben füllen zu können. Dabei hat wohl auch die Überzeugung eine Rolle gespielt, dass Musik irgendwie etwas mit Baukunst zu tun haben müsse. Es geht um eine Vielzahl von Haus-Individuen mit prächtigen Dielen, mit Stuck und Malerei, aber auch um einige monumentale Speicher, für deren eindrucks-

Patina kann man nicht kaufen – sie entsteht. Blick auf die alten Dächer Große Petersgrube 21 und 23 kurz vor Beginn des Umbaus des Blocks zur Musikhochschule des Landes Schleswig-Holstein. Die Dachziegel sind größtenteils intakt – aber leider alt. Sie stammen aus dem frühen 19., z.T. noch aus dem 18. Jahrhundert. „Gewährleistung" will hier keiner geben. Also weg damit.

Alles frisch, klinisch rein und sauber, der soeben bezogene zweite Bauabschnitt der Musikhochschule um 1984. „Alt" ist an den Fassaden nur die Entwurfsidee sowie der Mauerwerkskern – reicht dies aus, um „Authentizität" zu wahren?,

Depenau 16-20. Einige Häuser sowie die barocken Speicher werden total entkernt, was hier Abbruch bis auf das Fassaden-Mauerwerk heißt. Ein Wort geht um: „Kultur zerstört Kultur". Auch in den allem Anschein nach vorbildlich restaurierten Patrizierhäusern Große Petersgrube 17, 21 und 23 ist längst nicht mehr alles „original". – Lübecks Kultur-Szene hat, ebenso wie die Politik, die gesamte Maßnahme stets einhellig gelobt. Eine abwägende denkmalpflegerische Bilanz hat es nie gegeben. – Die Musikhochschule ist sicherlich „die schönste" ihrer Art in Deutschland – so die Selbsteinschätzung. Mit ihrem großen Volumen ist das Institut aber auch ein Webfehler im feinen altstädtischen Parzellennetz. Und angesichts der unübersehbaren Spuren intensiver Über-Nutzung darf man auch fragen, ob die gepriesene gegenseitige Ergänzung von Baukunst und Musik in jeder Hinsicht so „glückhaft" ist.

Die Musikhochschulplanung hat noch ein anderes Problem offenbart: Bis heute ist die entscheidende Forderung „erst forschen –

dann planen" nicht generell durchsetzbar. Seitens der Bauherren wird immer noch und wieder argumentiert, dass bauhistorische und restauratorische Voruntersuchungen die Sanierung in untragbarer Weise verteuerten. Das genaue Gegenteil dürfte richtig sein: Wenn im Hause alles bekannt ist, gibt es während der Bauzeit keine „überraschend" auftauchende Wand- oder Deckenmalerei mehr, keine "unvermutet" zutage tretenden vermorschten Balken. Eine sorgfältige Erforschung führt zu einer klaren „denkmalpflegerischen Zielstellung": Diese Zielstellung ermöglicht ein Nutzungs-Konzept, das den Befund einbezieht. Und die Baukosten-Kalkulation kann von gesicherten Daten ausgehen.

Die vom Land Schleswig-Holstein zur gleichen Zeit durchgeführte Restaurierung des Maria-Magdalenenklosters („Burgkloster") verläuft dank der geplanten musealen Nutzung weniger problematisch. Die qualitätlosen Zutaten des Landesbauamts – die neue Obergeschoßwand des Kreuzganghofs etwa – sollen hier außeracht bleiben.

Die goldenen Jahre

Wer die bislang sanierten Häuser in der Lübecker Altstadt betrachtet, wird schnell erkennen, dass es da richtige „Werkgruppen" gibt – entsprechend dem Vorgehen der jeweiligen Sanierungsbetreiber. Viele Maßnahmen der 70er und 80er Jahre sind, vorurteilsfrei betrachtet, eigentlich „Fördermittel-Ruinen". Das heißt: Die mit der Vergabe öffentlicher Gelder (Zuschüsse oder verbilligte

Kredite) verbundenen Auflagen haben bei vielen Häusern bewirkt, dass haustypologische Eigenheiten oder historische Grundrisse verschwunden sind, weg-saniert. Besonders bekannt geworden ist die zerstörende Wirkung der „Förderung Alters-gerechter Grundrisse": Sie kennzeichnet besonders die Arbeit der TRAVE für die „Stiftung Lübecker Wohnstifte", die in den 1970er Jahren die bis dato auch im Inneren noch erhaltenen Stiftshöfe und Armengänge modernisiert. Von diesen Anlagen ist jetzt meistens nur noch die Außenhülle alt, vielleicht noch die Balkenlage und der Dachstuhl. Den „Wohnstiften" muss man aber zugute halten, dass sie zu den Pionieren der Sanierung in Lübeck zählen. Aus ihren Fehlern ist gelernt worden – sollte man zumindest hoffen.

In den 1970er und frühen 80er Jahren stürzen sich auch andere Wohnungsbau-Gesellschaften ins Altstadt-Geschäft. Um Fördermittel zu

Die einfachste Methode in den frühen 80ern: wenn weder die alten Geschosshöhen noch die Grundrisse und der statische Zustand der geplanten Nutzung entsprechen, ist Abbruch „angezeigt", wie es heißt. Um die Maßnahme als Sanierung gefördert zu bekommen, bleibt der Giebel stehen.

Die Förderungsrichtlinien bestimmen die Nutzung. Oder: Wie man in ein altes Brauerhaus acht Sozialwohnungen hineinbekommt.

bekommen, müssen sie entsprechend dem Wohnungsbaugesetz Standards einhalten, die ursprünglich für den Etagen-Mietwohnungsbau auf der grünen Wiese gedacht waren. Was nicht dem gewohnten Dreizimmerküchebad-Schema und seinen Quadratmetergrößen entspricht, kann nicht „gefördert" werden. Das historische Haus mit seinem alten Grundriss bietet die gültigen Standards nur selten. Da geht es um Raumgrößen, Deckenhöhen, Last-Annahmen, Lage von Treppenhäusern und dergleichen, wofür „Dispense", also Ausnahmen bei der prüfenden Behörde nicht leicht zu erwirken sind. Bauträger und Kreditgeber argumentieren mit „Menschengerechtigkeit", die sie dadurch zu erzielen meinen, dass sie auf genaue Umsetzung der vorgeschriebenen

Standards pochen. Diese Haltung ist verständlich, gilt doch der Aufenthalt in einem „feuchtdunklen" Altstadthaus nach allgemeiner Auffassung als „unzumutbar", ja: „menschenunwürdig". Jetzt können die Planer Fortschritt durchsetzen – und Fortschritt ist das, was als subventionierter Wohnungsbau draußen auf den grünen Wiesen von Buntekuh und Moisling unter blauem Himmel aufleuchtet. Das erklärt auch, dass Privatleute, die sich in diesen frühen Jahren die denkmalbewusste Sanierung eines „vermoderten" Altstadthauses zutrauen, als Phantasten und Spinner verlacht werden. Doch das sollte sich ganz schnell ändern.

Die Sanierung nach Standards hat bereits mittelfristig weder den alten Häusern noch den meist nicht aus eigenem Willen in ihnen wohnenden Mietern geholfen. Ein Altstadthaus mittlerer Größe unter Opferung seiner historischen Innenstrukturen und Ausstattungsreste in ein Mietshaus für vier, gar sechs Parteien umbauen, macht die Vernichtung denkmalwürdiger Bausubstanz zu einem kostspieligen Luxus. Doch es geht dann auch anders. Spätere Sanierungen beweisen, dass denkmalpflegerische Qualität trotz bescheideneren Mittel-Einsatzes möglich ist – wenn man sich an die Struktur und die Möglichkeiten des Hauses hält.

In einer Reihe von Fällen hat man sogar auf eine Wohnnutzung verzichtet, obwohl sie dem Vernehmen nach den pfleglichsten Umgang mit der historischen Bausubstanz garantieren soll: Eine Gruppe von gewerblichen Sanierungen zeigt, wie durch eine zurückhaltende Geschäfts- und Büro-Nutzung bedeutende patrizische Groß-Denkmalobjekte vor zerstörendem Durchbau für Wohnungen bewahrt werden können – etwa Koberg 2, Alfstraße 38. Auch im Sinne der politisch gewünschten städtisch-verdichteten Vielfalt der Nutzungen liegt hier ein Weg, der öfter beschritten werden müsste.

Mehrfach geglückt ist auch der Versuch, die alte Erdgeschosshalle, die berühmte „Lübecker Diele", freizuräumen und wieder als großzügiges Ladenlokal zu nutzen. Königstraße 30 („Laden 15") und Mühlenstraße 26 („Papierhaus Groth") sind zwei gern genannte Beispiele. Aber auch hier müsste viel mehr geschehen. Wer sich beispielsweise in Regensburg umsieht, auch in Naumburg und anderen historischen Orten, erkennt schnell, dass Lübecks Geschäftswelt die vorhandenen Ressourcen nicht wahrhaben will. Es kommt sogar zu entwürdigenden Fehl-Belegungen: in der Dr.-Julius-Leber-Straße etwa ein „Bayrisches Bierhaus" oder ein Szene-Klamottenladen, dessen denkmalgeschützte historische Räume durch Verhängen und Verkleiden völlig entwertet sind. Diese Räume sind erst vor kurzem auch mit Zuschüssen aus Denkmalpflegemitteln vorbildlich restauriert worden.

Die dritte, zahlenmäßig wieder sehr starke Gruppe sind die für eigene Wohnzwecke „privat"-sanierten Häuser: Bauherr (und Eigentümer, daher „privat") ist hier der spätere Bewohner, oft eine 4-5-köpfige Familie. Für kleinere Häuser bieten sich bei diesem Modell wohl wirklich die besten Chancen zur Erhaltung der historischen Werte: das „eigenhändig" sanierte Haus garantiert eine gefühlsmäßige Zuwendung, die eine rein wirtschaftlich gedachte Kosten-Nutzen-Beziehung selten bieten kann. Professor Georg Mörsch (ETH Zürich), führender Denkmalpflege-Theoretiker im deutschen Sprachraum, sieht in dieser Form der Sanierung die „Leistungsfähigkeit eines 700-jährigen Haustyps für unser modernes Leben" bewiesen.

Etwa seit Anfang der 80er Jahre stellen die Privat-Sanierungen zahlenmäßig den größten

Zwischen 1975 und 1980 rollt die erste Welle der Privatsanierung durch die Altstadt. Hier arbeiten Mitglieder der 1975 entstandenen „Althaus-Sanierer-Gemeinschaft" an ihrem nahezu fertigen Haus.

Anteil an den Maßnahmen des Sanierungsträgers. Städtebauförderung bringt auch den privaten Bauherren jetzt eine ganz massive finanzielle Unterstützung. Wer ein denkmalgeschütztes Altstadthaus außerhalb der festgelegten Sanierungsgebiete saniert, kann mit großzügiger Hilfe der alteingesessenen „Possehl-Stiftung" rechnen: der hohe Anteil der privaten Maßnahmen am Lübecker Sanierungsgeschehen der 80er und noch 90er Jahre ist auch ein Verdienst dieser Einrichtung, die auf ein Vermächtnis des Industriellen Emil Possehl „zur Pflege des Lübecker Stadtbilds" zurückgeht. Die Zuschüsse, welche die Denkmalbehörde geben kann, sind naturgemäß vergleichsweise bescheiden. Den vielleicht bedeutendsten Beitrag leistet die Steuergesetzgebung mit ihrer Abschreibungspraxis – sie ist bis heute das Standbein der Privatsanierung.

Die Kirche mit ihrem Kirchenbauamt beteiligt sich ebenfalls an der Sanierung von Altstadthäusern – die umfangreichste Maßnahme ist sicherlich der Umbau der Pastoratshäuser an der Jakobikirche. Die durch Landesvertrag mit eigener Denkmalhoheit ausgestattete Kirche verhält sich wie die Baugesellschaften: die ihr gehörenden Häuser sind „neutrale" Immobilien, die sich den zuvor festgelegten Funktionen fügen müssen.

Bis 1999 werden in Lübeck über 800 Millionen Mark an privaten und öffentlichen Mitteln in die Sanierung gesteckt, der überwiegende Teil in Haus-Maßnahmen. Die ausgabefreudigste Zeit sind die frühen 80er mit manchmal über 10 Millionen Mark an Fördermitteln pro Jahr. Ein Großteil der Altstadt wird nach und nach zu Sanierungsgebieten erklärt – kurioserweise mit Ausnahme der weit in die historischen Baublöcke hineinreichenden Geschäftszonen, die sich offenbar selbst regulieren und daher keinerlei städtebauliche Mißstände kennen. Einige Straßenzüge sind inzwischen fast vollständig saniert – beispielsweise Petersgrube, Obertrave, Engelsgrube und Engelswisch. Auch an der Hundestraße, am Langen Lohberg, an der Schwönekenquerstraße und in der Großen Kiesau ist viel geschehen. Doch die „Jahrhundertaufgabe Sanierung", von der Bausenator Hans Dieter Schmidt 1978 in genauer Kenntnis der Sachlage sprach, ist 10 Jahre später für Nachfolger Stimmann bereits „Schnee von gestern": die spärlicher fließenden Städtebauförderungsmittel werden zunehmend in die Straßen- und Platzsanierung gesteckt. Dann verebbt der Geldfluss dank Gießkannen-Städtebauförderung auch der kleinsten Gemeinden im Lande. Seit den frühen 90ern findet wegen „Aufschwung Ost" noch weniger Geld den Weg nach Lübeck. Die Wohnungs-bauträger ziehen sich aus dem Altstadtgeschäft zurück. Hier ist nichts mehr zu holen.

Heute gibt es Sanierung nur noch auf Sparflamme. Aber vielleicht ist damit ein Vorgehen möglich, das den alten Häusern am zuträglich-sten ist. Es bleibt aber festzuhalten: bis jetzt ist bestenfalls ein Drittel der altstädtischen historischen Haus-Substanz für die nächsten 20 oder 30 Jahre über den Berg. Es gibt noch viel zu tun.

Die Altstadt wird UNESCO-Weltkultur: ein schweres Erbe

Diele in einem privatsanierten Altstadthaus. Die ehemalige Gewerbe-Halle bleibt Allzweck-Raum – zum Essen, Zusammensitzen, Spielen und vieles mehr. Die Einbauten des 18. und frühen 19. Jahrhunderts sind erhalten und dienen wie eh und je: die Vorderdornse (auch Vorderstube), die wie ein Windfang konzipierte Küche, die alte Treppe und der Steinfußboden aus Öland-Platten.

Die Aufnahme der Lübecker Altstadt in die Welterbe-Liste der UNESCO 1987 wird merk-würdigerweise als Auszeich-nung für geleistete Arbeit mißverstanden. Der Sanierungsträger TRAVE fühlt sich für sein Tun ebenso belobigt wie der damalige Baudezernent, der in der Sanierungs-Grundlagenplanung von 1972-75 den eigentli-chen Grund für Lübecks UNESCO-Qualität sieht. Bis heute wird in Lübeck nicht gern ge-sehen, dass es der UNESCO* und dem sie be-ratenden ICOMOS** allein um besseren Schutz des Gesamtdenkmals Lübecker Altstadt geht.

* UNESCO: United Nations Educational Scientific and Cul-tural Organisation, eine Unterorganisation der UNO.
** ICOMOS: International Council of Monuments and Sites. Diese Denkmalpfleger-Organisation berät die UNESCO.

Die UNESCO legt Lübecks Stadtregenten 1992 nahe, einen „management plan" für das Welterbe-Areal aufzustellen. Statt dem kleinen Amt für Denkmalpflege die gesamte Verantwortung aufzubürden, sollten alle beteiligten Ressorts per verbindlichem Rahmen gemeinsam für den Bestand der Altstadt sorgen. Inhaltlich sei zu klären, was mit dem Welterbe-Areal entwicklungspolitisch überhaupt geschehen soll – eine „Zielplanung Weltkulturerbe-Areal" wird angemahnt. Wie ist die Schutzkategorie „Weltkulturerbe" mit der City-Bildung in planungsrechtlich festge-legten Kerngebieten vereinbar?

Zu einem derartigen Plan ist es bis heute nicht gekommen. Die tangierten Ämter, die sich nach einer Verwaltungsreform seit 1998 „Bereiche" nennen, verzichten offenbar nicht gern auf ihre Zuständigkeiten, zumal es für eine verbindliche Kooperation keinen rechtlichen Rahmen gibt. Im Prinzip steht die Denkmalpflege weiterhin allein. – Eine Annäherung an eine Problemlösung wäre beispielsweise schon der Ensembleschutz. Das Schleswig-Holsteinische Denkmalschutzgesetz sieht seit 1996 „Denkmal-

Blick über den Schrangen 1992. Ein klassisches Katastrophenbild. Wieder verschwindet ein Teil des historischen Lübeck, weil „die" Wirtschaft an dieser Stelle eine höhere Rendite erzielen will und dies entsprechend der politischen Weichenstellung durch die Stadt Lübeck hier auch darf.

Bereiche" ausdrücklich vor – die Umsetzung in die Praxis ist aber immer noch nicht in Sicht. – Was die Denkmalbehörde seit 1993 in eigener Regie als „Denkmalplan" erarbeiten lässt, ist nichts anderes als die längst fällige Inventarisierung. Und wieweit die als Konsequenz dieses Inventars in Aussicht gestellten stadtentwicklungspolitischen Leitziele von der Denkmalbehörde schließlich durchgesetzt werden können, vermag niemand vorauszusagen. – Die Archäologen verbuchen 1992 allerdings einen spektakulären Erfolg: Der Altstadthügel wird zum Grabungsschutzgebiet erklärt. Die Genehmigung zum Bau von Tiefgaragen und Tiefgeschossen kann „versagt" werden, wenn der Schutz des archäologischen Untergrunds dies gebietet. Für die zur selben Zeit sich abspielenden Tragödien um „Königpassage" und „Karstadt" kommt dieser Rechtstitel allerdings zu spät.

1992: ein Katastrophenjahr für das UNESCO-Welterbe. Die Ende der 1960er Jahre zwischen der Stadt Lübeck und dem Karstadt-Management verabredete Verdoppelung der Ge-

schäftsfläche des Karstadt-Hauses in der Altstadt wird 30 Jahre später ohne erneutes Nachdenken und ohne Abstriche realisiert. Auch ein vom damaligen Baudezernenten eilig zusammengetrommeltes Wochenend-Kolloquium mit bekannten in- und ausländischen Architekten hat daran nichts ändern können. Im Gleichschritt mit dem Karstadt-Bau entsteht auf der anderen Straßenseite eine funktional und stadttypologisch falschgedachte Center-Anlage namens „Königpassage". Die Abbrucharbeiten auf dem Gelände von 14 mittelalterlichen Parzellen fördern einen umfangreichen Bestand gotischer Kommunmauern mit wichtigen bauhistorischen Details zutage. Davon verschwindet fast alles; nur ein kleiner, allerdings bedeutender Rest, eine Dielenhalle mit Malerei-Fragmenten, kann gerettet werden. Der vier bis sechs Meter starke archäologische Untergrund wird restlos abgebaggert und damit vernichtet; die Notgrabung der Archäologen muss auf die normalerweise anzulegenden wissenschaftlichen Standards weitgehend verzichten. Nach offizieller Mitteilung der Denkmalbehörde sei an diesem Projekt nichts zu ändern gewesen, da es schon in den frühen 80er Jahren zwischen der Stadt, dem Grundstücksverkäufer „Lübecker Nachrichten" und einem international operierenden Investor verabredet worden sei. Im Klartext: fachliche Einwendungen und städtebauliche Vernunft mußten sich politischem Druck beugen. Oder, wie die BIRL damals sagte: die Fachämter wurden „gedeckelt".

Und die Denkmalpflege?

Das Projekt Königpassage hat deutlich gezeigt, daß Denkmalpflege kein „Wert an-sich" ist. Die Denkmalpflege kann nur so weit handeln

und eingreifen, wie es ihr vom Gesetz ermöglicht wird – und das Gesetz spiegelt den „Denkmalpflege-Willen" der Bevölkerung. Diese politische Einbindung erscheint selbstverständlich. Ihre Fachlichkeit und ihre Maßstäbe entwickelt die Denkmalpflege jedoch selbst. Es ist ihr auf Fachtagungen und Kongressen gern herausgestellter wissenschaftlicher Anspruch. Dass diese Fachlichkeit sich ändert und gern auch dem Zeitgeist und der Mode huldigt, sagen wir: zur „Doktrin" wird, lässt sich vermuten. Lübeck macht da keine Ausnahme.

Bis in die 80er Jahre hinein hält sich hier der Glaube an den sauberen Backstein, an das

Vor der Sanierung: Eine Fassade der Lübecker Renaissance, mit Fenstern aus dem 19. Jahrhundert. Erdgeschoss in jüngerer Zeit durch Verkachelung entstellt. Ein Fall im Sanierungsgebiet Alsheide. Bild von 1975.

Nach der Sanierung: Ein Märchen in Sandstrahl und rustikal. Eigentlich hätte es gereicht, die Erdgeschosszone zu verbessern: Die Kacheln abschlagen, das gestörte Mauerwerk, wie bereits im 19. Jahrhundert geschehen, wieder verputzen und hell streichen. Wär' auch billiger gewesen. Und hätte die authentische Geschichte bewahrt.

vielgerühmte mittelalterliche „Klosterformat". Allen alten Giebeln unterstellt man, ehedem backsteinsichtig gewesen zu sein. Wo immer man ihrer habhaft wird, werden sie von Putz und Farbe „befreit", saubergeschrubbt, sandstrahlgeblasen. Aus blendend weißer Neuverfugung spricht das Hohelied der „Material- und Werkgerechtigkeit". Eine Tradition, die bruchlos den reformerischen Geschmacks-Bildungseifer des 1907 gegründeten „Deutschen Werkbundes" mit der von Lübecks Baurat Otto Hespeler in den 30er Jahren geführten „Entschandelungs"-Kampagne verbindet. Architekten und Denkmalpfleger sprechen gern von der „Rückführung in den ursprünglichen Zustand" – aus heutiger Kenntnis unbestritten falsch, aber diese Liebe zu rustikalen nackten Ziegelflächen und „kernigen" Eichenbalken bestimmt das Bild der offiziellen Lübecker Sanierung bis weit in die 80er Jahre. Die von breiter Zustimmung der Öffentlichkeit getragene Denkmalbegeisterung nach 1975 gipfelt in einer Nostalgie-Welle, die schließlich auch den letzten Rustikal-Sanierern unheimlich wird.

Die Wissenschaft erbringt dann zweifelsfreie Belege dafür, dass die Bürgerhaus-Architektur in der Vergangenheit fast immer farbig war, angestrichen, bemalt. Um 1985/86 hat sich auch in Lübeck herumgesprochen, dass die hierzulande gepflegte „Backsteinsichtigkeit" wohl mehr eine aus Vorliebe und Geschmack gespeiste Wunsch-Vorstellung als eine Tatsache gewesen ist. Überzeugt wagt man sich sofort an einige „Nach-Befund-wiederhergestellt"-Maßnahmen, an denen uns heute besonders der pädagogische Zeigefinger imponiert. Geringe, oft nur noch in homöopathischer Dosis nachgewiesene Farbreste führen dazu, dass Gesamt-Neueinfärbungen von Fassaden durchgesetzt werden, die zeigen sollen, wie schön farbig es früher mal war. Was in der hessischen und rheinischen Denk-

malpflege schon lange gern geübter Brauch ist, wird nun auch in Lübeck zum sichtbaren Beweis denkmalpflegerischer Kompetenz. Die Fassaden Fischergrube 16/18/20 dürften die bekanntesten Neu-Einfärbungen sein.

Eisenvitriol-Gelb. Seit dem 18. Jahrhundert im Lübecker Straßenbild nachweisbar. Wird zusammen mit Sumpfkalk verarbeitet. Wegen der vergleichsweise aufwendigen Technik selten geworden. Schade: ein strahlenderes Gelb gibt's nicht! In Dänemark noch heute ortsbildprägend.

Die Gegenbewegung läßt nicht lange auf sich warten: Gegen 1993/94 wird den noch aktiven Neu-Einfärbern und Rekonstruierern eine „So-tun-als-sei-nichts-passiert"-Methode anempfohlen. Diese Methode folgt dem eigentlich sehr beherzigenswerten Motto, dass die beste Denkmalpflege diejenige sei, die man nicht auf den ersten Blick bemerkt. Leitbild soll wohl die strikte Konservierung des bis zum gegenwärtigen Tag Erhaltenen sein. Wird diese Methode gewissenhaft befolgt, entfällt die in der Vergangenheit doch oft recht schwierige Abwägung der Wertigkeit aufgedeckter Befunde: was soll gezeigt werden, was ist dafür zu opfern? Dem Denkmalpfleger wird „alles gleich wichtig": die gotische Wandmalerei kann (und

„Ochsenblutrot" ist wie Eisenvitrol ein Nebenprodukte aus schwedischer (Falun-Rot) oder dänischer Metallverhüttung. Wahrscheinlich sind aber auch echte Erdfarben-Pigmente verwendet worden. Im Mittelalter wurde auch Ziegelmehl gestrichen. Leider ist über die historische Farbigkeit Lübecks immer noch viel zu wenig bekannt. Daher ist es wichtig für die Forschung und die Denkmalpflege, die noch vorhandenen Reste originaler Farbigkeit zu kartieren und zu analysieren – bevor sie für immer verschwunden sind.

soll) nicht freigelegt werden, weil der Neunzehntes-Jahrhundert-Putz und die darauf klebenden 60er-Jahre-Badezimmerkacheln natürlich auch erhalten werden müssen. Damit könnte Denkmalpflege auch kostengünstiger und bürgerfreundlicher werden, sich womöglich als überflüssig erweisen.

Doch diese hier etwas sarkastisch geschilderte Eilfertigkeit im Umgang mit sich wandelnden Überzeugungen, die sich als Interpretation der jeweils letzten Denkmalpfleger-Übereinkommen von Venedig, Barcelona oder sonstwo verstehen möchten, ist inzwischen den Forderungen des normalen Alltags gewichen: Wer durch Lübecks Straßen geht, wird einen zurückhaltenden, wenig auffälligen Umgang mit den amtlich geschützten Fassaden feststellen. Das Notwendige wird getan. Vielleicht darf man dies angemessen nennen.

Die eigentlichen Probleme der Denkmalpflege sind heute anderer Art. Es sind weniger die stadtbildpflegerischen oder kosmetischen Dienstleistungen, obwohl gerade diese Tätigkeiten in der Öffentlichkeit hoch im Kurs stehen (selbstverständlich trägt die Denkmalpflege auch weiterhin die Verantwortung fürs äußere Erscheinungsbild und die Stimmigkeit historischer Ensembles).
Nein: zu schaffen macht das verborgene, das nicht einsehbare, nicht-Touristen-wirksame Denkmal, das die UNESCO gemeint hat, die Dachstühle, die Kommunwände mit ihren Malerei-Fragmenten, die Keller. Eine Erfahrung, die ganz im Widerspruch zur noch landläufig gültigen Meinung steht, derzufolge ein Denkmal sichtbar, anfassbar, begreifbar sein muss, um beim Publikum auf Interesse zu stoßen und dank dieser medialen Präsenz genügend Fürsprecher findet, um erhalten werden zu können. Eine gute Öffentlichkeitsarbeit ist für die Denkmalpflege also entscheidend wichtig.

Das zweite Problem ist der Widerspruch zwischen den Interessen: Die Gesetzgebung für den Wohnungsbau zum Beispiel befördert den Ausbau von Dachböden nachdrücklich; die Denkmalpflege muss das genaue Gegenteil erreichen. – Es zählt weniger die Gesetzeslage als das überzeugende Argument: Da nach der

„Denkmalbegeisterung" von 1975/1980 längst wieder normale Zustände herrschen, sind die Denkmalpfleger wie früher auf die Hilfe und die kritische Mitarbeit der interessierten Öffentlichkeit angewiesen. Das bedeutet allerdings auch, dass diese Öffentlichkeit von der Denkmalpflege Fachkompetenz und Offenheit erwarten darf.

Zeitgemäß Bauen

1978 startet der Bund Deutscher Architekten in München seine Wanderausstellung „Neues Bauen in alter Umgebung". Mit dieser Schau stellen sich die Architekten der Kritik an dem auch von ihnen mitzuverantwortenden zerstörenden „Wiederaufbau" der Städte nach dem 2. Weltkrieg. Mit einer Vielzahl von sorgfältig ausgewählten überzeugenden Gegen-Beispielen wird gezeigt, wie qualitätvolles Bauen im historischen Kontext seit eh und je „aus dem Geist der Zeit" hervorgeht, ohne Anbiederung an die Vergangenheit – der entscheidende Faktor ist immer der Architekt. Dahinter steckt die Überzeugung des Architektenstandes, dass er auf den von ihm sensibel erspürten „Geist des Ortes" stets richtig reagiert und dem Bauherrn immer zur bestmöglichen und zeitgemäßen Lösung verhilft.

Die Lübecker Architektenschaft teilt diese Gewissheit ohne einen Anflug von Selbstzweifeln bis in die 80er Jahre hinein. Das Baugeschehen in der Innenstadt scheint kraftlos, Neues und Eigenes ist kaum zu sehen. Im Rahmen des subventionierten Sanierungsgeschehens entstehen beispielsweise „Renaissance"-Flügelanbauten wie Engelsgrube 66 oder Untertrave 39. Nach Fotos aus dem 19. Jahrhundert werden Häuser neu geschaffen, die es seit Menschengedenken nicht mehr gibt (Wakenitzmauer 164-182). Neu-Erfindungen ganzer „historischer" Häuserzeilen mit absonderlichen Maßen und Proportionen wie Fleischhauer-

straße 64-72 stellt man einer ahnungslosen Öffentlichkeit 1977 als „Meisterstück der Stadtbilderhaltung" vor, ein Tiefstpunkt nicht nur eines kulturellen Befindens, sondern auch des Selbstverständnisses der hiesigen Architektenschaft.

Die 1984 beschlossene Gestaltungssatzung ist anfangs keineswegs als Antwort auf diese fragwürdige Entwurfsmentalität gemeint – in dieser Zeit sind fast alle in der Altstadt tätigen Architekten noch von der Richtigkeit solch historisierender Hinzufügungen überzeugt. Auch in der Öffentlichkeit herrscht die Meinung, dass man in der Altstadt nicht modern, sondern „im alten Stile neu bauen" müsse – Forderungen der BIRL nach zeitgemäßer neuer Architektur sind einsame Rufe in der Wüste. – Die Gestaltungssatzung hat sich dann besonders nützlich für die Diskussion von Umbau-Vorhaben erwiesen.

Eine neue Entwurfs-Haltung fällt indes nicht vom Himmel. Die wichtigsten Beiträge für eine neue Baukultur kommen zunächst aus der Sanierung: Im vormaligen Backhaus Engelswisch 65 wird die ungeschönte, nur konservierte alte Bausubstanz mit Einbauten aus Stahl und Glas konfrontiert. Im gotischen Giebelhaus Hundestraße 76 erfindet der Architekt eine neue Grundriß-Disposition – in einer sehr eigenen, gleichwohl aber aus dem geschichtlichen Herkommen entwickelten Formensprache. – Dass es auch eine ganz neue, dabei mit der Gestaltungssatzung im Einklang stehende Altstadt-Architektur geben könnte, zeigen schon 1979/80 Teile des „Ersatzgebiets Alsheide" und ein Wohnblock in der Rosenstraße. Weitere Zeichen werden mit Lückenschließungen wie Alsheide 19, Engelsgrube 80 und Engelswisch 54-62 gesetzt. Der anlässlich der Neugestaltung der Einkaufzone Breite Straße errichtete quadratische Glaspavillon führt den Beweis, dass glatte Stereometrie

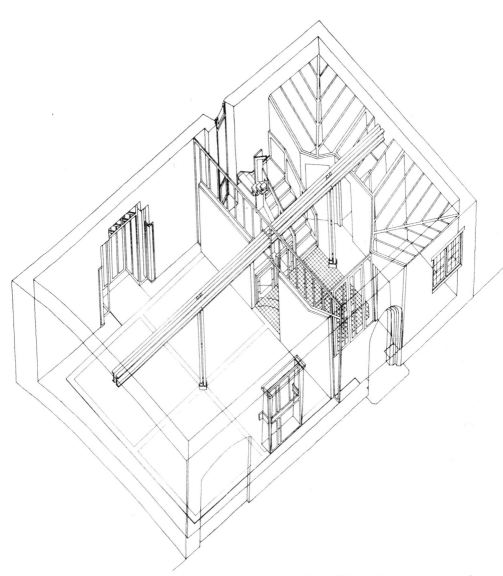

Durchbau des früheren Backhauses Engelswisch 65 (den vorderen Teil, mit Giebel zur Engelsgrube, ersetzt ein gründerzeitlicher Neubau). Nur die Außenwände, das Dachwerk und die Balkenlagen sind alt. Neu: Unterzug samt Stützen im Erdgeschoß sowie sämliche Einbauten (Zeichnung: Büro Helmut Riemann).

und Technizität der Altstadt keineswegs abträglich sind.

Ein 1989 vom damaligen Baudezernenten inszenierter Baulücken-Wettbewerb bleibt wegen ungeklärter Finanzierung und rechtlicher Probleme zwar zunächst ohne gebaute Folgen, aber er belebt die Diskussion entschieden. Der Wettbewerb sollte seinerzeit beweisen, dass gute Architektur keine Satzung brauche, ja: dass gute Architektur erst jenseits der Fesseln einer Satzung möglich sei. Der

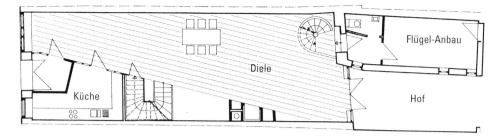

Hundestraße 74. Nur die Fassaden und die Brandwände waren noch brauchbar. Die Probleme, die ein extrem schmaler und tiefer Hauskörper stellt, werden durch die diagonal gelegte „Licht-Achse" vom großen Straßen-zum Hof-Fenster gelöst. Die Idee der traditionellen Diele, die das gesamte Erdgeschoß einnehmende Halle, hat dabei natürlich Pate gestanden (Zeichnung: Büro Mai/Zill/Kuhsen).

Großteil der eingereichten Vorschläge erbringt allerdings nicht den Gegenbeweis, dass Architekten aus dem dritten oder vierten Glied nach Wegfall der Satzung plötzlich erstrangige Entwürfe machen. Und die von der Jury ausgewählten guten Vorschläge sind kurioser-weise meistens auch satzungskonform, wie der erst 1998 realisierte Entwurf für Hunde-straße 95 zeigt. – Das eigentliche Problem ist, wie angesichts überzeugender Qualität die Ausnahme, der Dispens von der Satzung möglich werden kann. Dazu bräuchte man einen kompetenten Satzungsbeirat, eine echte „Gestaltungskommission", wie sie es bei-spielsweise in Salzburg, in Regensburg, im niederländischen Maastricht gibt. – Man kann dennoch einige Lübecker Beispiele für zeitgenössische Formensprache im histori-schen Kontext anführen: die 1989 gebaute Rückseite der Commerzbank wäre da zu nennen, ebenso der Große Konzertsaal der Musikhochschule an der Depenau und manch kleinere Maßnahmen wie qualitätvolle Laden-Umbauten. 1997 wird eine der letzten Bom-

Baulücken-Wettbewerb 1989: Der Entwurf von Mariana Markovic (Büro Ronai / Lütgens / Markovic, Hamburg) war sicher der interessantere Vorschlag für die Abbruch-Lücke Große Gröpelgrube 30 (vergl. die gebaute Version, Rundgang-Nr. 53). Die Kritik der Denkmalpflege richtete sich besonders gegen das Segmentbogen-dach. Problematisch war wohl auch die weit die Nachbarparzellen überragende verglaste Rückfront.

benlücken der Altstadt geschlossen: die fast monumentale Giebelreihe Fischergrube 54-66 stellt soetwas wie den Endpunkt der langjährigen Diskussion über Bauen im historischen Kontext dar.

Die 1991-95 realisierten Karstadt-Projekte bringen weitere Einsichten – etwa die, dass falsche städtebauliche Rahmensetzungen auch von den besten Architekten nicht verbrämt werden können. Die bessere Gestaltung kommt dann nicht einmal zum Zuge. Neben der Karstadt-Verdoppelung und dem C&A-Kahlschlag ist auch die „Königpassage" in erster Linie ein Städtebau-Fehler – das heißt: eine stadtentwicklungspolitische Fehl-Entscheidung.

Die Großcontainer auf der westlich der Altstadt vorgelagerten Wallhalbinsel – das Radisson-Hotel und die Musik- und Kongress-halle, die noch um eine Messehalle erweitert wird, treten zum Altstadtrand und zur Bebauung der Altstadt in keinerlei erkennbaren Bezug mehr. Sie stehen etwas einsam als selbstzufriedene Solitäre an der Peripherie der Altstadt herum – Denkmäler der Gewissheit, dass die Altstadt nach Meinung maßgeblicher Wirtschaftsvertreter auch zukünftig „Oberzentrum" eines großen Einzugsgebietes sein soll – erfüllen diese Großbauten doch „in klassischer Weise", so 1998 Bausenator Volker Zahn, „die für die Altstadt angelegte Ersatz- und Ergänzungsfunktion".

Alte Interessenkonflikte ganz neu: Zeitgeist waltet

1993 tritt mit dem „Lübeck-Management" ein neuer Akteur auf die Lübecker Bühne. Das LM entwickelt sich schnell zu einer Lobby der Innenstadt-Geschäftsleute. Etwas ist neu im

Die mittlere Wallhalbinsel mit Musik- und Kongreßhalle (MUK), Radisson-Hotel und Landeszentralbank-Erweiterung, gesehen vom Turm der Petrikirche. Eine Messehalle kommt auch noch.

Gegensatz zu den alteingesessenen Interessenvertretungen: Man erkennt schnell, dass man das Bild der historischen, weitgehend denkmalgeschützten Altstadt verkaufsfördernd benutzen und als positiv bewerteten Standortfaktor vermarkten könnte. Der interne Streit zwischen unverblümt vorgetragenem Geschäftsinteressen und Anerkennung des von der Denkmalpflege bewirkten aufwertenden Dekors erinnert zwar an vermeintlich längst ausgestandene Auseinandersetzungen der 1960er und 70er Jahre, doch die Ernsthaftigkeit, mit der jetzt von einigen LM-Mitgliedern Denkmalpflege als positives Attribut erwogen wird, lässt gewisse Hoffnungen aufkeimen. Es bleibt zunächst abzuwarten, ob die gemeinsamen Straßen-Begehungen von Geschäfts-

leuten und Planern sowie die vom LM herausgegebene Gestaltungs-Broschüre Früchte tragen.

Die Stadt Lübeck setzt dazu eigene Zeichen: Innerhalb weniger Jahre werden am Rande der Innenstadt große Parkflächen geschaffen, welche die Erreichbarkeit der Stadt für den Auto- und Busverkehr nahezu optimieren: von keinem Parkplatz aus sind mehr als 500 Meter in die Einkaufsbereiche zu gehen. Ein neues Parkhaus entsteht am Holstentor, ein zweites, mit einer ambitionierten Brücke an die Altstadt angebunden, jenseits des Klughafens an der Falkenstraße. Lübecks „Marktwert" scheint sich mit neuen Hotels, Sporthallen und der bereits erwähnten Musik- und Kongresshalle durchaus verbessert zu haben. Einen kräftigen Impuls für eine neue Stadtentwicklungspolitik bedeutet die Absicht eines Groß-Investors, den seit der Absage des Horten-Kaufhausprojekts brachliegenden Bereich südlich des Holstentores mit einem riesigen Einkaufzentrum zu bebauen. Dass diese „Center"-Anlage an diesem Standort innerhalb der barocken Bastionsanlagen schon aus städtebaulichen Gründen keine Chance hat, war zu erwarten – die Frage nach der zukünftigen Rolle der Altstadt im „Oberzentrum Lübeck" ist damit aber gestellt.

Die Verwaltung verlässt 1997/98 die meisten angestammten „Dienst-Sitze" in der Innenstadt und bezieht ein „technisches Rathaus" in der Kronsforder Allee, eine Entscheidung, die von vielen Lübeckern als sehr kritisch, ja als kontraproduktiv bewertet wird. Die verwaisten Altstadt-Immobilien der Behörden treiben den ohnehin schon hohen Leerstand bei Büroflächen weiter in die Höhe. Seit 1986 entstehen in den grünen Vorstädten fast 10 000 neue Wohnungen, u.a. in den freigewordenen Kasernen-Arealen. Die Wohnungsknappheit ist beendet. Damit entfällt jeglicher wohnungs-

Ein Lübecker Stillleben auf grünem Kunst-Rasen: Stadtbildpflege tut not. Dies ist nicht das „vom Gast gewünschte Ambiente", sondern der „Stil" eines Großteils der Lübecker Gastronomie – hier in einem zentralen Denkmalbereich. Das „Lübeck-blüht-auf"-Mandelbäumchen des Lübeck-Managements bietet da keinen Trost.

wirtschaftliche Antrieb für die Altstadtsanierung. Es wird zu fragen sein, ob das private Engagement von Geschäftsleuten und Denkmal-Liebhabern allein ausreicht, um die Fortsetzung der Altstadtsanierung zu garantieren. Eher droht zunächst die Gefahr, dass viele Besitzer nicht-sanierter Althäuser mangels Nachfrage auf Sanierung verzichten und damit wieder auf „billige" Unterstandard-Wohnungen setzen. Und wir erinnern uns: gerade diese Form der Wohnungswirtschaft galt in den 1970er Jahren als wesentlicher Anlaß, ja: Beweggrund der Sanierung in Lübeck. Drehen wir uns im Kreise?

25 Jahre nach Beginn der ersten Sanierungskampagne sind Denkmalpflege und erhaltende Stadtsanierung keine politischen Themen mehr; politische Lorbeeren lassen sich auf anderen Feldern leichter ernten. Und Lübeck hat dank des noch anhaltenden Wandels vom Industrie- zum Dienstleistungsstandort mit der damit verbundenen hohen Arbeitslosigkeit wirklich genug andere Probleme.

Ein Lübecker Auto-Bild: zur schönen Architektur das gepflegte Auto? Zwischen Marienkirche und Rathaus geht es eher um Gewohnheitsrechte, um Bequemlichkeit und behördliches Laissez-faire. Der kleine Platz, an dem Lübecks einstiger Rang als Haupt der Hanse in höchster baulicher Vollendung vor Augen steht, dient heute als Anlieferungs-Rückseite für die Kaufhäuser an der benachbarten Fußgängerzone.

Der Sachstand um die Altstadt sei abschließend knapp umrissen: Die notwendige politische Kraft für eine aus dem UNESCO-Status der Altstadt resultierende „Vision" kann sich nicht durchsetzen. Die Planer haben durchaus Vorstellungen – es handelt sich aber eher um Projekte, die in jeder vernünftig regierten historischen Stadt Selbstgänger wären, ohne mit ihnen gleich ein UNESCO-Welterbe retten zu wollen. Genannt seien die Wiedergewinnung der durch Verkehrsströme amputierten Uferkanten der Trave, der Rückbau innenstädtischer Parkhäuser, die Erweiterung fußläufiger Altstadtbereiche, die „dauerhafte Reduzierung des motorisierten Individualverkehrs". Die politische Realität ist anders: Lübecks prekäre Finanzlage, aber auch lautstarke Interessenverbände sorgen dafür, dass fast alles Projekt bleibt. Beispiel Verkehrsberuhigung: für rückläufige Besucher- und Umsatzzahlen sowie überdurchschnittlich hohen Leerstand von Läden und Büroflächen machen maßgebliche Kreise der Wirtschaft eine „mangelhafte Erreichbarkeit der Einkaufsstraßen für den motorisierten Privatverkehr" verantwortlich. Diese Geschäftsleute wollen die unbestreitbar vorhandenen „strukturellen Standortnachteile" mit Rezepten aus den 60er Jahren beheben: zurück zum freien Zugang per

Privat-Auto. Die Einführung eines elektronischen Parkleitsystems 1999 soll der erste Schritt zur Rückkehr sein – aber mehr Kunden bringt es ebensowenig wie mehr Umsatz. Das Auto gehört seitdem wieder zum „unverzichtbaren Bestandteil" des UNESCO-Welterbe-Areals – unsere Bilder belegen dies auf eine Weise, die eigentlich alarmieren müsste. Ob Lübeck mit der allgegenwärtigen Präsenz des Autos in der Kernstadt wirklich, wie behauptet, einen Zipfel Zukunft zu fassen bekommen hat, wird sich noch erweisen.

Noch ein Lübecker Auto-Bild. An der Obertrave könnte sich Lübecks schönste Flaniermeile erstrecken – wenn es endlich gelänge, das ruhende Blech in das Holstentor-Parkhaus gegenüber zu befördern. Ein Teil des Uferstreifens (zwischen Dankwartsgrube und Depenau) ist bereits „begehbar" gemacht worden.

Hinweis

Die im nachfolgenden Rundgang genannten und z.T. im Bild gezeigten Innenräume von Privat-Häusern sind in der Regel nicht zugänglich. Gute Gelegenheiten, auch einmal das Innere von Denkmalen „in Privathand" zu sehen, bieten der „Tag des Offenen Denkmals" (zweiter Sonntag im September) sowie Führungen der BIRL und der Althaus-Sanierer-Gemeinschaft.

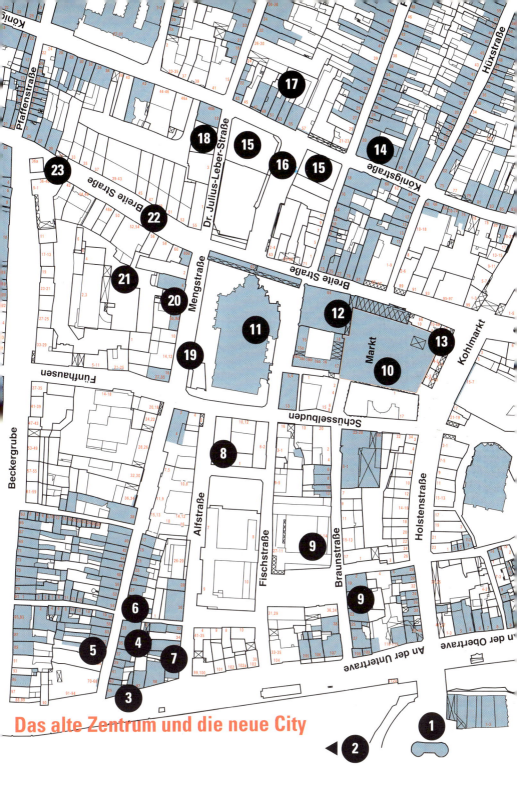

Das alte Zentrum und die neue City

1 Holstentor und Salzspeicher

Das 1478 vollendete Holstentor steht heute völlig isoliert in einer Grünanlage. Ohne den stadtwärts anschließenden Brücken-„Zwinger" ist es nicht recht verständlich. Es ist ein Vortor gewesen, das zusammen mit einer Reihe weiterer starker Türme die Westseite der Trave, den „Welthafen des Nordens", absicherte. Mit seiner auffallend mächtigen und reichen Gestalt sollte dieses Bauwerk auch Lübecks Souveränität gegenüber dem König von Dänemark symbolisieren, der 1460 Herr über Schleswig und Holstein geworden war.

Die zur Stadt gerichtete Seite des Tores ist zum größten Teil original erhalten. Der giebelbekrönte Mittelbau der Feldseite wurde 1864/71 frei rekonstruiert.

Die Salzspeicher, im 17. und 18. Jahrhundert an Stelle mittelalterlicher Herings-Lagerhäuser errichtet, haben nur noch wenig Original-Bausubstanz bewahrt. Die in den 30er und 50er Jahren weitgehend neuerrichteten Giebelwände verkleiden heute ein Kaufhaus. Von der alten Struktur ist innen außer der 1936 reparierten Dachbalkenlage von Speicher 2 und einigen in den Lukenöffnungen hängenden Glasbildern nichts erhalten. Diese Bilder schmückten das „Heim der Hitlerjugend", das in

Speicher 2 und 3 eingerichtet wurde. Damals wurde auch das Holstentor saniert und der Öffentlichkeit als „Museum der Wehrhaftigkeit Lübecks" zugänglich gemacht – Geschichte, die man nicht verdrängen sollte. Das Museum Holstentor enthält heute Sammlungen zur Stadt- und Hansegeschichte. Die Ausstellungen sollen neu gestaltet werden.

2 „Architektur-Spange" gegenüber der Altstadt

Auf der zur Trave gerichteten Seite der Wallhalbinsel lag früher die „Lastadie". Dieser frühindustrielle Hafenbereich erstreckte sich im Schutze des mittelalterlichen Hafenwalls, später der barocken Bastionen. Um 1987/88 wurde entschieden, die Wallhalbinsel zu einer Art Zentrums-Ergänzungsgebiet zu machen. Die seither entstandenen Neubauten sind sicherlich die prominentesten Beispiele für einen neuen Architektur-Willen in Lübeck.

Mit stakigen Stützen im Wasser das 3-flügelige „Penta-Senator"-Hotel (1991/92 nach Entwurf von Ferdinand/Ehlers/Schäfer Itzehoe). Nach dem Wechsel zur Radisson-Kette wurde dem Haus 1998 eine gläserne Büro-Etage mit Segment-Tonnendächern aufgesetzt (Entwurf: Architekturbüro Schünemann). Die Anlage hat dadurch angenehmere Proportionen erhalten, das Hotel wendet der Altstadt jetzt ein „Gesicht" zu.

Südlich vom „Radisson" steht seit 1999 der ebenfalls verklinkerte Erweiterungsbau der Landesbank (Bild rechts oben). Seine organischen Wellen zitieren offensichtlich die voluminösen Rundformen der benachbarten Holstentor-Türme. Ein sehr sympathischer Baukörper – besonders auch wegen der streng formalisierten Abtrennung

gegenüber dem Altbau (1934) in Gestalt einer Natursteinwand von schneidender Schärfe (Architekten Silcher Werner Partner, Hamburg).

Die 1995 fertiggestellte „Musik-und Kongresshalle" (Gerkan, Marg & Partner, Hamburg) erinnert mehr an Gepflogenheiten des „Internationalen Stils" der 20er-Jahre: Der lange-streckte Bau will irgendwie mit Schiff und Hafen zu tun haben. Er hat deshalb Reling und „bulleyes" und ist dank der Verkleidung mit beschichtetem Blech weiß wie ein Seebäderdampfer. Das kreisrunde Foyer mit seiner schönen, fast wie ein Ornament wirkenden stählernen Deckenkonstruktion wird von sehr betonten Zwillings-Stützen umstellt, die fürs notwendige „Repräsentative" sorgen sollen.

3 Mietshaus An der Untertrave 96

Dieses monumentale Fachwerkhaus von 1569 widerspricht dem geläufigen Lübeck-Bild gleich in doppelter Hinsicht: es ist erstens traufständig und zweitens kein Backstein-Haus. Über dem niedrigen Erdgeschoß (keine hohe Diele!) ist ein geradwandiges Holzgerüst aufgeschlagen, das eine höhere Haupt-Etage und zwei weitere, etwas niedrigere Ober-Stockwerke umfaßt. Die „gerade" Fassadenwand ist im 16. Jahrhundert in Norddeutschland

einmalig: üblicherweise bildeten die Stockwerke damals weite Überstände.

Im Rahmen einer vorbildlichen Sanierung sind 1984 außergewöhnlich umfangreiche Ausstattungsreste aus mehreren Epochen aufgedeckt und restauriert worden. Hervorzuheben sind Wand- und Deckenmalereien von etwa 1570, eine Neu-Ausmalung von 1606, zu der auch eine mit Intarsien geschmückte Kassettendecke gehört, sowie barocke Deckenmalerei von etwa 1680. Es wird vermutet, daß dieses am damaligen „Wertgüterhafen" gelegene Haus Kaufleuten als Gästehaus – wir würden sagen: Hotel – zur Verfügung stand. Die Form der neuen Sprossenfenster wiederholt den überlieferten Zustand des späten 18. Jahrhunderts. – Von 1985 bis 1997 Sitz des städtischen Sanierungs-Treuhänders TRAVE.

4 „Freizeit hinter alten Mauern"

Das Jugendzentrum Mengstraße ist ein zeittypischer Reflex auf die Funktions-Entflechtung der Innenstadt in den Nachkriegsjahrzehnten. Wohnen draußen – Geschäft innen, so war es gewünscht, in Abwandlung des bekannten Spruchs am Holstentor. Die leerstehenden und verschlissenen alten Häuser an der unteren Mengstraße hätte mancher wohl gerne abgerissen – doch es war der Rest des legendären „Kaufmannsviertels", und da meldeten sich hanseatische Skrupel. Die zeittypische Lösung lautete: Entkernung und Umnutzung.

Dank einer Initial-Spende der Possehlstiftung wurde das traufständige Renaissance-Doppelhaus Mengstraße 41/43 1975 zur „Begegnungsstätte Lübecker Jugendverbände". Die gleichfalls von der Possehlstiftung geförderte Programm-Erweiterung folgte wenig später: Im Speicher „Bienenkorb" Untertrave 97 (s. Bild rechts) entstand der Musikladen (soetwas wie die „Fabrik" in Hamburg), Mengstraße 33 wurde Jugendgästehaus (s. unten), Nr. 35 nahm das „Kommunale Kino" auf und im Speicher Alfstraße 34 wurde die Jugend-Gaststätte „Die Röhre" samt Gruppenarbeitsräumen eingerichtet. Dass hier eher vorstädtische Freizeit-Bedürfnisse bedient werden,

liegt auf der Hand: Der „Musikladen" hat längst dichtgemacht, die „Begegnungsstätte" Mengstraße 41/43 steht leer und das „Gästehaus" hat das Jugendherbergswerk übernommen. Am Konzept stimmte also etwas nicht.

Eine denkmalpflegerische Bilanz läßt sich schlecht ziehen, weil es damals keine Befunderhebung, geschweige denn Bauforschung gab. Hofseitig ist in ganz erheblichem Umfang abgebrochen worden. Mengstraße 41/43 wurde total entkernt, 33 ebenso, bis auf die kleine Vorderdornse. Die wenigen Neu-Zutaten, etwa der Eingangsbau Gerade Querstraße 2, ergehen sich in peinlichster Nostalgie. Doch die alten Fassaden an den Hauptfronten des Blocks sind wirklich die alten. Einige Fronten sind zwar Sandstrahl-geschädigt, doch das Gesamtbild wirkt intakt und gepflegt – mehr konnte sich die Denkmalpflege um 1975/76 nicht wünschen.

5 Mengstraße 64 und das Lübecker Kaufmannshaus

In der schluchtartig ansteigenden Mengstraße stehen noch 29 historische, durchweg bedeutende große Giebelhäuser aus vergangenen Kaufmannszeiten. Es ist der Rest jenes legendären Quartiers, in dem Wirtschaftsform und Bautechnik zum Entste-

Nr. 64 im unteren Abschnitt der Mengstraße ist ein bedeutender Sanierungsfall. Das Renaissance-Haus (mit einem gotischen Kalksteinportal) beherbergte von 1984 bis 1992 die „Werkkunstschule" (jetzt in der „Neuen Rösterei" Wahmstraße). Hinter dem wegen Zementputzschäden stark erneuerten Treppengiebel von etwa 1540/50 ist eine moderne Version des alten Typus Großdiele zu sehen. Erhalten waren hier nur die Deckenbalken nebst Unterzug und Tragesäule („Hausbaum"). Die neuen Einbauten – zwei „Dornsen" und die Galerie mit Treppe zum Zwischengeschoß – hat das Architekturbüro Chlumsky/Peters/Hildebrandt entworfen. Diese Neu-Interpretation einer Diele behält auch Weinhaus Tesdorpf bei, der neue Nutzer.

hen hochragender Giebelhäuser von etwa gleicher Breite und gleicher Tiefe geführt hatten. 1942 wurde dieses sogenannte „Gründerviertel" – Braunstraße, Fischstraße, Alf- und Mengstraße – Opfer eines der ersten Brandbomben-Luftangriffe des 2. Weltkriegs. Die ausgeglühten Ruinen wurden wenig später abgetragen. Das „typische Lübecker Kaufmannshaus", von dem die alte Literatur schwärmt, hat in Lübeck seither Seltenheitswert.– Die vom Krieg verschonten Häuser in der unteren Mengstraße zeigen stark überarbeitete, oft veränderte Stilformen von der Gotik bis in die wilhelminische Epoche.

6 Mengstraße 31 und andere Großdielenhäuser

Grautönen mit imitierender Kassettierung und Akanthus-Dekor gibt eine Vorstellung spätklassizistisch-biedermeierlicher Farbigkeit (Bild oben, rechte Seite). – Auf den Durchbau- bzw. Ausbau des Dachstuhls mit seinen drei Böden (rechts unten) wurde dankenswerterweise verzichtet.

Das Eckhaus Mengstraße Nr. 31 mit seinem schlichten, Luken-gegliederten Treppengiebel wurde 1612 neu errichtet und war vom späten 17. Jahrhundert bis 1994 Glaserei-Werkstatt. Die 1996/97 durchgeführte vorbildliche Sanierung (Architekt: Thomas Schröder) hielt an der stimmigen und typischen Verbindung zwischen gewerblicher Nutzung und Wohnfunktion fest. Besonders erfreulich ist hier die Wiederherstellung der hohen Diele mit Galerie und Küchen-Einbau des späten Rokoko (Bild rechts).

Im Flügelanbau, wohl als letzter seines Typs um 1840 neu errichtet, ist eine gemalte Saaldecke freigelegt und restauriert worden. Die Fassung in

Weniger glücklich die 1987 abgeschlossene Sanierung von Mengstraße 23: Das Verwertungskonzept zwang zum Einbau eines feuersicheren Treppenhauses, was die Grundfläche der Diele verkleinerte. Daher konnte nur ein Teil der bemalten Renaissance-Decke wieder eingesetzt werden. Diese schöne Malerei ist nun auch noch den Immissionen einer Gaststätte ausgesetzt.

Gelitten hat auch das Außen-Bild: Die in Resten noch erhaltene Rot-Fassung des Treppengiebels wurde abgewaschen, ein in die Hoffassade integrierter originaler Wand-Kamin abgebrochen.

Seit 1955 als Restaurant („Schabbelhaus") genutzt die Häuser Nr. 48 und 50. Die historischen Dielen sind eindrucksvolle Verkörperung der bis ins 18. Jahrhundert lebendigen mittelalterlichen Funktions-Strukturen, insbesondere die Erschließung der übereinanderliegenden Speicherböden per Radwinde und Lastseil.

Auch im Haus Nr. 44 ist eine Großdiele erhalten. Im prachtvollen Renaissance-Flügelanbau sind in den 80er Jahren bemalte Decken der Zeit um 1700 freigelegt worden. – Bedeutend ist auch Nr. 40 mit seiner breitschultrigen Spätrokoko-Fassade und einem Dachstuhl von 1267. Ein Teil der frühgotischen Hoffassade ist noch erhalten. Um 1770 wurde aus dem alten Kaufmannshaus eine Manufaktur. Zur Nr. 40 gehört auch das schmale Eckhaus zur Blocksquerstraße. Unter dem gesamten Hauskomplex erstrecken sich gewölbte Keller des 13. Jahrhunderts. – Die 1990 abgeschlossene Sanierungsmaßnahme wurde mit fast 1 Million Mark an Denkmalpflege-Sondermitteln des Landes Schleswig-Holstein gefördert – zu sehen ist davon allerdings wenig. Im Gegenteil: es gibt erhebliche denkmalpflegerische Mängel. Eine zerstörende „Weinrestaurant"-Nutzung in den gewölbten Kellern konnte aber verhindert werden.

7 Alfstraße 38

Das Eckhaus Alfstraße 38 / Untertrave wurde 1984 eigens zum Sanierungsgebiet erklärt, um für die unaufschiebbare Sanierung die rechtliche Handhabe zu schaffen und finanzielle Hilfen zu erhalten. Die großzügigen historischen Räume dieses Kaufmannshauses werden als Büros genutzt. Bauforschung, denkmalpflegerische Begleitung, das Engagement des Bauherrn und die behutsame Architektenplanung gingen Hand in Hand.

Innen sind noch romanische Bau-Reste zu sehen

(wahrscheinlich Teile des ab 1217 am aufblühenden Hafen errichteten Versammlungshauses der dänischen Knudsgilde). Besonders eindruckvoll ist der über einer Grundfläche von über 200 Quadratmetern aufsteigende gewaltige Dachstuhl von 1572. Ein klassisches Denkmal lübisch-hansischer Wirtschaft: drei Getreide-Lagerböden sind per Windenschacht mit der Diele verbunden. Die auf den Hahnenbalken aufgesetzte Winde mit Zugrad, Lastwelle, Zug- und Lastseil ist intakt und kann noch genutzt werden (s. rechte Seite). Im langgestreckten Renaissance-Flügel sind schöne Stuckdecken von etwa 1700 erhalten, deren Restaurierung noch nicht abgeschlossen ist (s. rechte Seite, Bild unten links). Etwas jünger sind die sehr anspruchsvolle Paneel-Malereien zu den „Metamorphosen" des Ovid (die antiken Mythen werden in diesen Bildern mit christlicher Heilsbotschaft verknüpft). Im Erd- bzw. Dielengeschoss ein Rokoko-Saal mit Wandfelderung in farbigem Stuckmarmor. – Bei einem Durchbau für Wohnungen hätte man die kostbaren Ausstattungen wohl wieder verkleiden müssen.

Der Backsteingiebel stammt von 1936 – der sich
von hinten anlehnende Dachstuhl machte einen
Neubau notwendig. Die zur Trave gerichtete
Neigung des gesamten Dachwerks wurde erst im
Zuge der Sanierung 1985 durch ein Stahlkorsett zum
Stehen gebracht.

Auf den ausgekofferten Ausgrabungsflächen unterhalb der hochragenden Marienkirche standen bis 1942 Lübecks prächtigste Kaufmannshäuser. Die Archäologen gewannen hier 1984-95 wichtige Erkenntnisse über das frühe, hölzerne Lübeck des 12./13. Jahrhunderts und die ersten Steinhäuser. Die erhaltenen massiven Kellermauern sind aufschlussreiche Belege für den Aufsiedlungs-Prozess im hohen Mittelalter. Die Mauern zeigen Ansätze von Gewölben des 13. oder auch des 18. Jahrhunderts (s. Bild unten). – Die Stadt Lübeck ist Eigentümer des Geländes. Geplant war, das Areal mit einem Hotel-Komplex zu bebauen. Doch dafür fand sich kein Investor.

Die Archäologen haben daraufhin die Idee eines „Archäologie-Freizeitparks" ins Spiel gebracht. Ihr Projekt einer „Erlebnis-Geschichtsfahrt per Elektro-Wagen" ist allerdings nicht unumstritten, da viele Originalbefunde zugunsten künstlicher Geschicht-lichkeit verschwinden müssten.

Hauptaugenmerk sollte auf einer entschiedenen Stadtreparatur liegen (vergl. Rundgang-Nr. 9), die das archäologische Erbe dort belässt, wo es ist: „im Keller".

9 Das „Gründerviertel" heute

Das bis Ende der 1950er Jahre einheitlich ziegelrot und traufständig neubebaute ehemalige Kaufmannsviertel zwischen Marienkirche und Trave zeigt allenfalls vorstädtische Qualitäten. Das städtebauliche Konzept befolgt Ideen von Hans Pieper († 1946), dem Chef der Lübecker Bauverwaltung während der NS-Jahre. Die Erinnerung an die verlorene historische Dimension glaubte man mit einer „Kaufmännischen

Speicher-Front aus dem 18. Jahrhundert. Diese schlichte Fassade besaß offenbar zu wenig „lübschen" Traditionswert, um dem Bauherrn ein geschichtsträchtiges „outfit" zu verleihen. Ein „echt hanseatischer" Backsteingiebel macht da doch etwas mehr her.

Berufsschule" wachhalten zu können. Der erste Bau-Abschnitt entstand 1955 nach Entwurf von Diez Brandi (Göttingen). Hier ist durchaus etwas Wille zu prägnanter Form zu bemerken. – Dem Quartier möchte man etwas Verdichtung und „Rückkehr zur Stadt" wünschen – hier liegen die Entwicklungspotentiale für die Ausweitung des Kerngebiets in Richtung Trave.

Denkwürdig das „Bauvereinshaus" Braunstraße 19: das mit alten, per Steinsäge halbierten (!) Ziegeln verkleidete Bürohaus von 1977 ersetzt eine bis dahin aus dem Krieg gerettete traufständige

Das anfangs riesige Markt-Areal wurde bereits im Mittelalter durch eine Buden-Bebauung eingeschränkt. – Diese kleinteilige Welt war schon vor 1900 bis auf kleine Reste verschwunden und durch größere Bauten ersetzt. Städtebaulicher Kardinalfehler dabei: der neogotische Reichspost-Palast auf der Markt-Westseite. – 1942: Totalzerstörung der Markt-Bebauung – bis auf die Post. Zwischen 1951 und 1957 entstanden neue „Riegel"

auf dem Markt. Sie werden in ihrer Gesamtheit heute als denkmalwürdiges Wiederaufbau-Ensemble bewertet. Die karge, fast ärmliche Formensprache des Süd- und des Ostriegels wird durch die 1952 geglättete Fassade der Hauptpost ergänzt. Merklich mehr Qualität auch im Detail und in der Wahl der Materialien besitzt der Nordriegel mit dem rückwärtigen Rathaushof. Das für die Zeit aufwendige Sandstein-verkleidete Betonfachwerk

ist offenbar als Antwort auf die anschließende, ebenfalls aus Sandstein erbaute Renaissance-Laube gedacht (Entwurf: Karl Horenburg, nach städtebaulichem Konzept von Georg Wellenberg). Der gegenüber dem Vorkriegszustand niedrigere Nordriegel macht die Denkmalgruppe Rathaus/Marienkirche zum beherrschenden Ereignis. Geradezu fein die gläsernen Treppenhaus-Scharniere als Abstandhalter zum historischen Rathaus.

Der Nordriegel ruht auf eleganten, im Querschnitt elliptischen Stützen. Dadurch wird der rückwärtige Rathaushof ins Markt-Blickfeld eingebunden. Die Laden- und Bürozeile im Hof besitzt noch ihr stimmiges 50er-Jahre-Ambiente. Der Innenhof ist zu einem beliebten Ruhepol im eher hektischen Trubel der Innenstadt geworden (s. unten rechts).

Die Post zieht 1995 in die Königstraße um; ihr alter „Palast" bleibt leer am Markt zurück. Das sechsgeschossige Stadthaus an der Ecke zum Schüsselbuden wird zur selben Zeit wegen plötzlich erhöhter statischer Last-Annahmen für „abbruchreif" erklärt und geht als leergezogene Ruine an einen Privatmann. Der Markt wird zum stadtentwicklungspolitischen Problem allerersten Ranges. Ein städtebaulicher Ideenwettbewerb wird 1996 vom Hamburger Büro Böge/Lindner gewonnen (Modellfoto rechts). Die in diesem Entwurf projektierte kleinteilige Hauslandschaft anstelle des Post-Volumens hat allerdings bei der im Sommer 2000 sich abzeichnenden Lösung keine Chance. Der Postklotz soll stehen bleiben und nur geringfügig umgebaut werden.

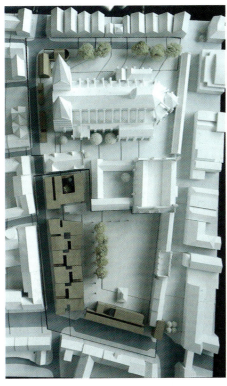

Während die meisten gotischen Ausstattungsstücke verbrannt sind, ist der 1697 von Thomas Quellinus aus Antwerpen geschaffene marmorne Hochaltar verhältnismäßig gut erhalten. Gestiftet wurde er seinerzeit vom Großkaufmann Thomas Fredenhagen. Dieses Hauptwerk des nordischen Barock wurde 1957 als „zur Gotik nicht passend" abgetragen und magaziniert. Der Wiederaufbau wäre

Die Rettung der 1942 ausgebrannten Marienkirche, die als Prototyp der gotischen Ostsee-Basiliken gilt, ist insbesondere den Bauleuten zu verdanken, die 1947/48 unter akut einsturzbedrohten Gewölben nach Anleitung des Statikers Klaus Pieper die sichernden Anker einzogen. – Doch die Wiederherstellung stand nicht immer unter einem guten Stern. Man nahm die 1942 zutage getretene Ausmalung des 14. Jahrhunderts zum Anlass, die Kirche in ihre vermeintlich „alte gotische Gestalt" zurückzuführen. An dieser Vorliebe für Gotisches wird bis heute festgehalten: 1995 wurde so mit der Reproduktion der 1942 vernichteten spätgotischen Chorgitter begonnen. Auch dies wird als „Wiederaufbau" bezeichnet.

restauratorisch überhaupt kein Problem. Doch dazu fehlt der Wille. Dieses selektive Vorgehen ist mit den Denkmalpflege-Anforderungen, die in UNESCO-Welterbe-Arealen gelten, nicht zu vereinbaren.

Die bedeutendste Zutat an zeitgenössischer Kunst sind die Fenster in der Briefkapelle – Johannes Schreiter (Frankfurt) schuf sie 1986/87. Die Fenster setzen starke Zeichen der Erinnerung an die Zerstörung der Kirche und auch an die Vergänglichkeit der Kunst. Die Briefkapelle selbst, 1310 entstanden und 1984 restauriert, ist dank des Schirmgewölbes und der reichen Wandgliederung eines der bedeutendsten Architektur-Stücke ihrer Zeit. – Leider immer verschlossen.

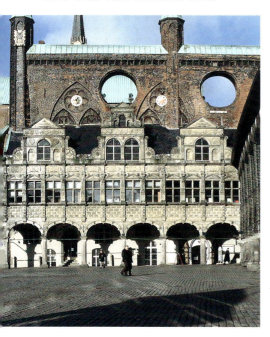

Das „großartigste Rathaus des deutschen Mittelalters" ist in seiner Außen-Erscheinung immer noch von düsterer Wucht. Die bau- und kunsthistorisch bedeutendste Ansicht ist sicherlich die zum Markt gerichtete Südwand des Kernbaus mit ihren original erhaltenen frühgotischen Maßwerk-Blenden. In reizvollem Kontrast dazu die Ratslaube in Formen der niederländischen Renaissance. Das von der Witterung geschädigte Sandstein-Quaderwerk steht erneut zu einer Restaurierung an.

Das Rathaus-Innere ist jedoch nur noch ein Schatten seiner früheren Bedeutung. Außer dem Audienzsaal von 1755 und der „Großen Kommissionsstube" sind keine historischen Räume aus Lübecks großen Zeiten mehr zu sehen. Vom alten Löwensaal und vom monumentalen Hansesaal künden nur noch die gotischen, solide aus Eiche verzimmerten Dachstühle. Die berühmte Renaissance-„Kriegsstube" verbrannte 1942, der riesige Barocksaal der Börse verschwand schon früher. Fast

das gesamte Innere wurde in der wilhelminischen Ära neu eingerichtet. Davon wird der eine oder andere Raum, etwa der Bürgerschaftssaal von 1890, bereits positiv bewertet.

Umso erstaunlicher die aktuellen Bemühungen, längst verloren Geglaubtes wieder herauszuarbeiten und kenntlich zu machen: Die „Hörkammer" – Beratungszimmer neben dem Audienzsaal – wurde 1995/96 mit einfachen Mitteln wieder in Nutzung genommen. Die figürlichen Darstellungen, die in Wandnischen aufgedeckt und freigelegt wurden, stammen, obwohl barock übermalt, in der Anlage aus dem späten Mittelalter. Dargestellt sind Szenen aus Lübecks Geschichte, etwa „Maria Magdalena segnet das lübsche Heer vor Bornhöved". Auch die anschließende tonnengewölbte „Mehlkammer" wurde freigeräumt. In den tiefen stichbogigen Wandnischen des früheren Durchgangs zum Rathaushof hatten einst Eisen-Kramwarenhändler ihre Verkaufsgelasse (s. oben rechts).

13 Kaak

An neuer Stelle, größtenteils aus neuen Steinen und auf Betonstelzen steht der Kaak, seit dem 15. Jahrhundert festes Zubehör des Marktes. Die obere offene Bühne hieß „Finkenbauer" und diente einst der Zurschau-Stellung von Dieben und Betrügern. Das Erdgeschoss war als Verkaufsfläche vermietet. – Dieser zierliche Bau hatte den Krieg unbeschädigt überstanden, wurde 1952 aber im Zuge des Wiederaufbaus abgebrochen: Da man den Kohlmarkt „verkehrsgerecht" verbreitert hatte, konnte die 1942 zerstörte, bis dahin den Markt vom Kohlmarkt trennende Hauszeile namens „Südriegel" nur weiter nördlich, auf der Marktfläche, wiederaufgebaut werden. Dort stand aber seit exakt 500 Jahren der Kaak – im Besitz der Stadt. Um die Wiederaufbau-Ansprüche der Südriegel-Eigentümer abzugelten, hielt man sich am Kaak schadlos.

30 Jahr später war der Kaak wieder da – aber nicht als Denkmal einer verfehlten Verkehrs- und Wiederaufbauplanung, sondern als „Denkmal mittelalterlicher Gerichtsbarkeit". – Die BIRL sagte dazu: „Die hohe, auch finanzielle Zuwendung, die in Lübeck ein verschwundenes Denkmal erfährt, lässt hoffen, dass auch einmal vorhandenen, noch aufrecht stehenden Denkmälern geholfen werden kann".

14 Das alte Finanzamt

Der wilhelminische Großbau der „Finanzdeputation" Fleischhauerstraße / Ecke Königstraße ist ein Beispiel für eine gelungene Modernisierung und Umnutzung (1985 nach Entwurf von Helmut Riemann). In den Obergeschossen residiert wieder der Finanz- und Wirtschaftssenator in neugestalteten Räumen (s. rechte Seite oben). Zugehörig auch der kürzlich restaurierte prachtvolle Rokokosaal, das sogenannte „Dimpkersche Zimmer", das aus dem abgebrochenen Haus Breite Straße 12 stammt.

Die ehemalige Schalterhalle und das darunterliegende Kellergeschoss sind durch Herausnehmen eines Teils der Kellerdecke zu einem Buchgeschäft umgebaut worden (s. die beiden großen Bilder). Interessante archäologische Befunde der hier ehemals befindlichen mittelalterlichen Münze konnten in die Ladengestaltung einbezogen werden. Die seitlichen Nebenräume bieten verschiedenen kleinen Läden ideale Rahmen. Dazu wurden allerdings die Fensteröffnungen bis auf das Straßenniveau heruntergeführt (s. rechte Seite, links oben).

1999 wurde das Haus Fleischhauerstraße 22 dem Buchgeschäft eingegliedert. Von Interesse hier besonders die neue Schaufensterzone. Weniger überzeugend die etwas stiefmütterliche Behandlung eines in der Substanz erhaltenen historischen Flügel-Anbaus im Verkaufsraum, der jahrzehntelang als LKW-Halle diente.

Die dem alten Finanzamt gegenüberliegende ehemalige „Brand-Assekuranz" (Fleischhauerstraße 18, Ecke Königstraße) wird 2000/2001 in vergleichbarer Weise umgestaltet. Dieser düstere Neo-Renaissance-Protzbau von 1891 gehört zur Erbmasse jener leergezogenen „Amtssitze", mit denen die Stadt Lübeck nach 1995 auf den Immobilienmarkt drängte.

gegenüber. Allerdings gibt es eine fabelhafte Dachterrasse mit einer faszinierenden Nah-Sicht auf den in Reichweite aufragenden Marien-Chor.

Auf dem Schrangen, dem ehemaligen Fleischmarkt, gipfelt Lübecks „City". Karstadt, seit 1905 „Erstes Haus am Platze", erfreute sich immer der Gunst der Lübecker Politik. Seit 1996 darf Lübeck auf zwei Karstadt-Häuser am Schrangen samt unterirdischer Nutzung des Platzes stolz sein. Die beiden Waren-Container zeigen eine etwas gefällige neo-klassizistische Verkleidung mit maßstäblich zu groß geratenen Glasquadraten und gestuften, hell-ockergrauen Sandsteinprofilen. Ein „Stil", der leicht an das art-déco der 20er Jahre erinnert. Laut Aussage der Planer sollte der traditionellen Bauaufgabe Voll-Kaufhaus noch einmal „klarer und dauerhafter Ausdruck" verliehen werden (Entwurf: Harald Deilmann, Münster). Doch statt dieser angestrengten Solidität (die ja auch nur Verkleidung ist) hätte an diesem Ort etwas mehr Leichtigkeit gutgetan.

Mit der einmaligen städtebaulichen Lage inmitten des historischen Zentrums konnten die Karstadt-Planer offenbar wenig anfangen: Das Bunker-ähnliche Innere bietet so gut wie keine Blickverbin-dung nach außen – trotz Marienkirche und Rathaus

Weshalb gibt es hier oben kein sommerliches Dach-Café? Das wäre eine echte Attraktion für Lübeck. Und sicher auch für Karstadt.

16 Schrangen

Der Schrangen, der sich als leere, sanft geneigte Asphalt-Fläche präsentiert, wurde erst 1927 freigeräumt. Bis dahin stand auf dem unteren Areal an der Königstraße noch ein mittelalterlicher Baublock, begrenzt von der Büttelstraße und der Küterstraße. Diese schmalen Gassen boten überraschende Perspektiven auf den Chor der Marienkirche. – Während der Vollendung der Karstadt-Neubauten 1995 einigten sich Kaufhaus-Konzern und Stadt Lübeck darauf, auf dem unteren Schrangen wieder ein Gebäude zu errichten, eine Art formale Unterbrechung zwischen den beiden Kaufhausfronten an der Königstraße. Es gab einen Architekten-Wettbewerb, es hätte gebaut werden können.

Doch dieses Projekt wurde von interessierten Kreisen gekippt: Man unterstellte, dass ein Gebäude auf dem Schrangen den potentiellen Kunden die Sicht auf den Eingang der „Königpassage" (s. Rundgang-Nr. 17) nehmen würde. Das hätte eine nicht hinnehmbare Einbuße an Umsatz zur Folge. – Seit 1999 ist die abschüssige Asphaltfläche zwar mit mobilen Bäumen „verschönert" – aber eine städtebaulich befriedigende Lösung lässt noch auf sich warten. Der untere Schrangen gehört wieder bebaut!

17 Königpassage

Auf dem Areal von 14 mittelalterlichen Parzellen erstreckt sich seit 1996 die „Königpassage", ein städtebaulicher Fremdkörper inmitten der geschlossenen Block-Struktur. Die mit Glas überdachte Ladenstraße folgt andernorts erprobten Mustern (z.B. „Hanseviertel" Hamburg). Leerstände und ratlose Umbau-Versuche machen aber deutlich, dass bei dieser „Center-Anlage" ein städtebaulicher Kardinal-Fehler gemacht wurde: diese Passage läuft ins Leere, weil sie im rechten Winkel in der weniger belebten Fleisch-hauerstraße endet.

Die Architektur ist ohne Bedeutung, eben nur wie üblich; auch die zwei neuen Fassaden an der Königstraße stellen gegenüber den abgebrochenen Vorgängern aus den 20er und 30er Jahren keine einleuchtende Verbesserung dar.

Von überragendem kulturhi-storischen und künstleri-schen Rang allerdings die auf den Wänden der Dielenhalle Königstraße 51 erhaltenen Reste von

„Königs"-Darstellungen und Wappen-Friesen. Ihre Entdeckung und Freilegung ist das Verdienst der Restauratoren Linde und Karl Heinz Saß.

Der interessierte Besucher kann leider wenig mit ihnen anfangen: Die Denkmalpflege beließ es bei der Konservierung des stark gestörten Befundes. Dabei hätte es hier, in einem quasi-öffentlichen Raum, nahegelegen, die Lesbarkeit der Malerei mit einfachen restauratorischen Mitteln zu verbessern.

Gut zu erkennen nur die vier figürlichen Darstellun-gen: neben dem stehenden Christophorus mit dem Jesuskind thronen Salomon, David (s. rechts unten, Freilegungs-Zustand) und Moses. Diese Dielen-Ausstattung ist „Ausdruck des Standesbewusst-seins und der Frömmigkeit des Auftraggebens – eines Mitglieds der reichen kaufmännischen Oberschicht um 1300" (Thomas Brockow, s. Lit.-Verz.). – Das „flair" des die Diele nutzenden Ladens und die Rahmung der vier Figuren mit gemalten

Backsteinen (!) lassen allerdings Zweifel aufkommen, ob den Verantwortlichen die Wertigkeit dieser
sensationellen Entdeckung damals bewußt war.

18 Pressehaus

Die an die Autobahn gezogenen „Lübecker Nachrichten" haben an der Dr. Julius-Leberstraße 11 ein neues City-Domizil aufgeschlagen. Ihr Stammhaus schräg gegenüber verkauften die LN-Gesellschafter an die „Königpassage"-Projektgruppe.

Mit dem „Pressehaus" wurde endlich eine der letzten Bombenlücken Lübecks geschlossen.

Die archäologischen Befunde (Kellergewölbe-Ansätze und Brandmauerreste) mussten einer Tiefgarage weichen. Die glatte, mit langweiligem mausgrauem Granit verkleidete Fassade verarbeitet durchaus Architektur-Tendenzen der 80er Jahre. In einem offenen Mauerschlitz steigt ein Treppenturm auf. Die beabsichtigte dynamische Wirkung will sich aber wegen der aufdringlichen Chromglanz-Versprossung nicht recht einstellen. – Immerhin: der Bau biedert sich dem gotischen Backsteingiebel der Löwenapotheke nicht an und bleibt im Maßstab (1991, Peter Kiefer, als Zu-Arbeit von Helmut Riemann die Proportionierung der Fenster und das gläserne Dachgeschoss).

19 Die Kapelle Maria am Stegel

Als Maßstabgeber zu den hochragenden Marientürmen war die Kapelle Maria am Stegel an der oberen Mengstraße ein unverzichtbares städtebauliches Kleinod. Sie wurde 1416 als Sühnekapelle über einem Durchgang („Stegel") zum ehemals dicht umbauten nordseitigen Marienkirchhof fertiggestellt. 1942 brannte das bis dato als Konfirmandensaal genutzte Gebäude aus. Die Umfassungsmauern waren aber erhalten. Als sich während einer Sturmnacht im Februar 1967 einige Steine aus dem Giebel lösten, erkannte man die Gunst der Stunde und ließ die Ruine in einer Nacht- und Nebelaktion wegräumen. Jetzt war endlich der Weg frei für den „verkehrsgerechten Ausbau" der Zufahrt zum Parkhaus hinter der oberen Mengstraße (vergl. Punkt 20). Erst Jahre später wurde der im Steindepot ruhende Granitsockel verschämt wieder aufgestellt – allerdings um 5 Meter „verrückt". Der richtige Standort der Kapelle liegt jetzt zur Hälfte unter dem Straßenpflaster. – Über eine Neubebauung zu Füßen der Marienkirche wird immer mal wieder nachgedacht. Eine realisierbare Lösung ist aber nicht in Sicht.

20 Buddenbrookhaus und obere Mengstraße

Vom Großelternhaus von Thomas und Heinrich Mann überlebten 1942 nur die Straßenfront und der Gewölbekeller. Die Fassade ist nicht bedeutend, aber originell: unten zeigt sie Lübeckische Renaissance von etwa 1540 und oben macht sich behäbiges Rokoko breit. – Hinter der Straßenfront, die seit den 50er Jahren einen Bank-Neubau verkleidete, residiert seit 1992 das recht aktive „Thomas- und Heinrich-Mann-Zentrum". Es hat sich in den letzten Jahren zu einem der stärksten touristischen Magnete Lübecks entwickelt.

1999/2000 wurde daher per durchgreifendem Umbau die Funktionalität des Hauses als Besucher- und Literatur-Zentrum entscheidend verbessert. Die sogenannte „Belétage" mit Götter- und Landschaftszimmer ist dagegen eine quälende Peinlichkeit. Diese Zimmer sollen allerdings keinen Beitrag zur Lübecker Hausforschung darstellen. Vielmehr seien sie „streng literarisch" nach Thomas Manns Beschreibung in seinen „Buddenbrooks" geschaffen worden. Ein Witz: der Leser wird auch bei genauestem Lesen im Roman keine Aussagen über derartig falsche Paneelformen und Leistenprofile, keine Hinweise über derart unmögliche Wandgliederungen und bemalte Wandbespannungen finden wie die, welche in diesen beiden Räumen zu bewundern sind. Thomas Mann wußte, was er beschrieb – die Ausstellungs-

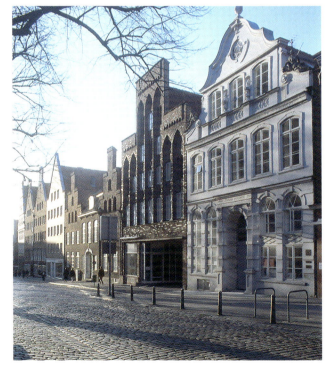

macher wußten es offenkundig nicht. Wer sich über den Lebensstil der (ersten) Buddenbrook-Generationen informieren will, sollte besser ins Behnhaus und ins Drägerhaus gehen (s. Rundgang-Nr. 56).

Die links ans Buddenbrookhaus anschließende, über einer Durchfahrt schwebende gotische Front verkleidet den Geschäftshaus-Neubau Mengstraße 6, dem wiederum eine bis 1955 erhaltene Spätbarock-Fassade weichen musste (s. linke Seite oben). Der gotische Stufengiebel von etwa 1290 war von Lübecks erhaltenen mittelalterlichen Fassaden die bedeutendste. Sie stand bis zum Abbruch 1955 in der Fischstraße Nr.19. Soweit die Steine intakt blieben, wurden sie dem Neubau in der oberen Mengstraße vorgeblendet.

Die spätbarocken Fassaden Mengstraße 10/12/14 waren 1942 stehengeblieben. Sie waren als „Kulturgut" gesichert zum Wiederaufbau vorgesehen. Die mit nur drei Vollgeschossen überplanbaren Ruinen wichen um 1959 einer renditeträchtigeren Neubau-Version mit viereinhalb Etagen. Die Fronten sind typische Vertreter der in den 50er und 60er Jahren in ganz Westdeutschland geübten „angepaßten Bauweise in Traditionsinseln".Das Eckhaus Nr. 16 – ganz links – ist ein Neubau von 1977. Er wiederholt das äußere Bild des kurz vor dem 1. Weltkrieg in Neo-Renaissance-Formen errichteten Verlagshauses Schmidt-Römhild.

Geht man unter dem erwähnten gotischen Giebel Mengstraße 6 hindurch, steht man in städtebaulicher Wüste. Ein Blockbinnenhof, wie er als Folge des auf City-Bildung fixierten Wiederaufbaus Lübecks nach dem 2. Weltkrieg typisch ist: die Geschäftshaus-Rückseiten wetteifern in billigster Gestaltlosigkeit, der leere Hofraum ist per Teerdecke zur Autoabstellfläche degradiert. – Hier – direkt hinter der von den Touristen liebevoll abfotografierten Buddenbrook-Fiktion – kommt noch der massige Block eines 50er-Jahre-Parkhauses hinzu. Ein städtebauliches Notstandsgebiet. Einziger Lichtblick ist die Rückseite der Commerzbank von 1985 (Entwurf: Helmut Riemann), deren wie ein Signal wirkende formale Qualität keine Nachfolge gefunden hat. In den 90er Jahren hat es interessante Pläne eines Großinvestors für eine ambitionierte Bebauung des Blockinneren gegeben – leider ohne Ergebnis.

22 Die Breite Straße als 50er-Jahre-Denkmal

Die belebte Fußgängerzone Breite Straße wird zwischen Beckergrube und dem Karstadt-Kaufhaus von Neubauten der 50er Jahre begrenzt. Auffällig die Traufständigkeit und die Breite der Häuser, Ergebnis des Grundstücks-Neuzuschnitts unter

Baudirektor Münter 1949/50. Die Architektur ist durchweg belanglos, aber typisch. Qualität hat vielleicht die Fassade Nr. 48 (Porzellan Mellmann), noch besser ist die Front der Commerzbank (Nr. 42/44) von 1955 (Entwurf: Cäsar Pinnau, Hamburg). Die noble Travertin-Verkleidung des Betonrasters erinnert etwas an die im „Dritten Reich" bei offizieller Architektur geübte Praxis, mit Naturstein den Eindruck tausendjähriger Haltbarkeit zu erzielen. Das steht einer Bank natürlich gut an (Pinnau war in den 30ern sehr gut im Geschäft). 1985 Umbau der Rückseite und anspruchsvolle Modernisierung des Inneren (vergl. Rundgang-Nr. 21). Schon 15 Jahre später ist das alles überholt: im Frühjahr 2000 wird das gesamte Gebäude bis auf das Betonskelett entkernt und neu durchbaut. Die Banken haben's offenbar dicke.

23 Pavillon

Vielleicht findet sich für das von der Architektur signalisierte gehobene Ambiente auch einmal der passende Betreiber. Inzwischen machen dem kleinen Bauwerk auch Vandalismus und mangelnde Pflege zu schaffen. – Die anderen Ergebnisse des

Bemerkenswertes Ergebnis des Architekten-Wettbewerbs „Fußgängerzone" 1988/89 ist der prismatische Pavillon am unteren Ende des Einkaufsbereichs. Seine wohlüberlegte städtebauliche Position zeichnet die 1942 zerstörte Einmündung der Breiten Straße in die Beckergrube nach (Entwurf: Chlumsky/Peters/Hildebrandt). Die klare gläserne Großform aus Würfel, Pyramide und Zylindern behauptet sich selbstbewusst gegenüber den erhaltenen beiden historischen Giebeln Breite Straße 27 und 29 und bildet den notwendigen formalen Kontrast zur einfallslosen Sandwich-Fassade der Landesbank.

Wettbewerbs darf man eher kritisch sehen – besonders den technisch unbefriedigenden Granitplattenbelag und die Hufeisen-förmigen Sitzgruppen.

Die nordwestliche Altstadt – vom alten Hafenquartier zum Wohngebiet

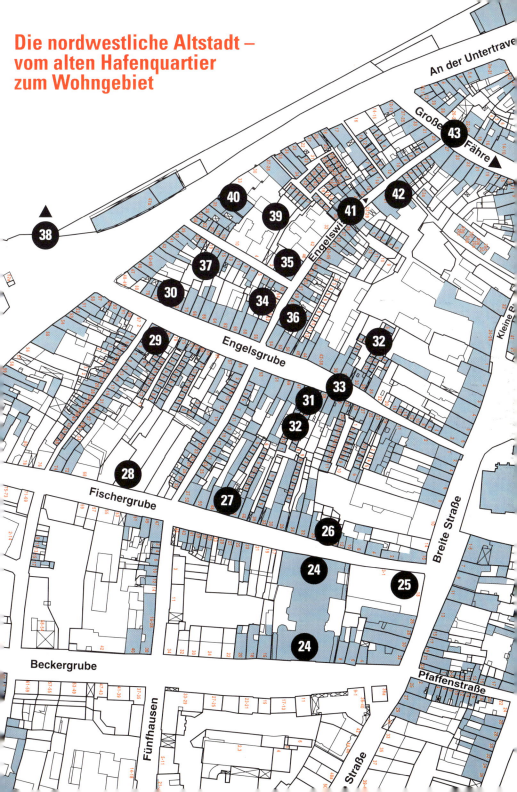

24 Stadttheater in der Beckergrube

Das Stadttheater mit seiner wuchtigen Werksteinfassade aus Tuff und Muschelkalk entstand 1907 nach Entwurf von Martin Dülfer (Dresden). Der etwas trockene, zum Klassizismus neigende Jugendstil blüht im Inneren teils zu prächtig-barockisierend-virtuosen, teils zu eher vom Geometrischen bestimmten Spätformen auf. Sanierung 1994/96 durch Chlumsky/Peters/Hildebrandt. Beachtliche moderne Zutaten sind beispielsweise Decke und Galerie im Kammerspielsaal. – Die Rückseite des Theaters an der Fischergrube will sich mit Putzblenden und glasierten Ziegel-Wechselschichten stärker in das alte Lübecker Straßenbild einfügen (Bild unten). Nur an Gesimsen und Bändern machen sich zackig-distelige Jugendstil-Dekore breit. Der anschließende Werkstatt-Bau des Theaters, eine zweifellos maßstabsprengende Kiste aus jüngerer Zeit, ist im Rahmen der Gesamt-Sanierung u.a. durch eine sehr schöne Dachlösung verbessert worden.

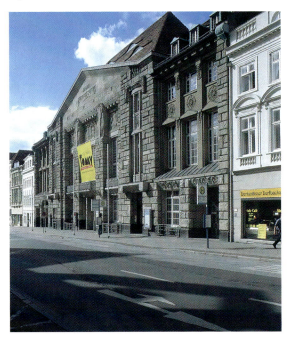

Der Große Saal im Theater: ein Gesamtkunstwerk in späten Jugendstilformen (Ochsenfahrt Werkstätten für Restaurierung). Die Neu-Zutaten halten sich entsprechend zurück: Links Blick in einen der Korridore, die den Saal erschließen.

25 Sparkasse

Dem großvolumigen Neubau an der Breiten Straße zwischen Becker- und Fischergrube mussten um 1970 ein schönes Jugendstil-Eckhaus (s. Bild unten), das Stammhaus der Sparkasse, und drei weitere historische Gebäude weichen.

Der Bau ist an der Breite-Straße-Front zwar mit teurem Naturstein verkleidet, doch damit will sich hier keine architektonische Qualität einstellen. Einziges Zugeständnis an den Standort ist die Aufteilung der Geschäfts-Kubatur in 3 Fassaden-Abschnitte, was offenbar an die 4 historischen Parzellen erinnern soll. Die großflächige Vernichtung des mittelalterlichen Parzellen-Rasters läßt sich so jedoch nicht verbrämen: Allerwelts-Bürobauten dieser Art sind kein akzeptabler Ersatz für ein weggeräumtes Herzstück der Altstadt. Auch die Erweiterung der Geschäftsfläche an der Langseite zur Fischergrube samt Überbauung des Blockinneren (u.a. mit „Kunden-Parkflächen") in den 80er Jahren ist kein Beitrag zur Bau-Kultur. Dafür leistete die Sparkasse mit ihrem „Historischen Keller" unter ihrem Anwesen Breite Straße 28 einen Beitrag zur Repräsentationskultur: Ein nüchterner barocker Weinlagerkeller erhielt „dank" Freilegung auf Stein das erwünschte „Backsteingotik"-flair.

Die Giebelhausgruppe Fischergrube 16/18/20 ist ein anschauliches Beispiel für die Sanierungs- und Denkmalschutz-Auffassungen Mitte der 1980er Jahre. Hier wurde erstmals versucht, die verlorene Farbigkeit nach Befund wiederherzustellen: Eisenoxidrot und Kalkweiß waren einst die Haupttöne im Stadtbild. Im frühen 19. Jahrhundert kam noch Eisenvitriolgelb hinzu.

Das Haus Nr.18 besitzt hinter einer eher schlichten Luken-Fassade von etwa 1600 eine bemerkenswerte Rokoko-Diele, die allerdings eine etwas unbekümmerte Sanierung durchstehen musste (jetzt Restaurant).

Im Nachbarhaus Nr. 20 mit seiner barocken Schweifgiebelfront sind auf der östlichen Dielenwand bedeutende gotische Malerei-Fragmente zu sehen: unter einem Wappenfries wird die Geschichte vom Verlorenen Sohn erzählt (1. Hälfte 14. Jahrhundert). Zum Haus gehört ein gotischer Hofflügel (Zugang: Durchfahrt Nr. 14). Die Rettung dieses sehr baufälligen Denkmals im Rahmen der

öffentlich geförderten Sanierung verdient große Anerkennung (s. Bild links).

Die weiß gekalkte gotische Fassade Nr. 16 wurde „unter Putz" entdeckt: die Hochblenden waren gegen 1830/40 mit einer Ziegelschicht aufgefüllt worden. Nach der Freilegung konnten die Doppelluken problemlos wiederhergestellt werden.

27 Fischergrube 46

Im Mittelalter Haus von berühmten Erzgießern
(= Herstellern von Kunstwerken und Gebrauchsge-
genständen aus Bronze) wie Johann Apengeter und
Claus Grude. Nach jahrzehntelanger Restnutzung
als Garage und Lagerhaus eines Möbel-Geschäfts
1999/2000 saniert und neu durchbaut. Hinter der
mehrfach veränderten Fassade des 16. Jahrhunderts erstreckt sich eine hohe Dielenhalle mit neuer
Galerie und Praxisräumen. Bewusst vorgetragene
neue Formen zeigen die hofseitige Dielen-
Befensterung und die neue Haustür. Der kurze
Flügelanbau stammt vielleicht noch aus dem späten
Mittelalter (zu sehen aus dem Grünen Gang, Nr. 44).

Interessant auch die Nachbarhäuser: Hinter der
breiten barocken Schweifgiebelfront Nr. 42 steckt
ein Neubau; ein Großfeuer hinterließ 1989 nur die
Fassaden und die Kommunmauern.

Das eigentlich völlig erhaltene, nur verbaute barok-
ke Dielenhaus Nr. 52 musste 1982 dem Neubau
eines „Altstadt-Hotels" weichen (s. Bild rechts unten). Eine der schönsten Möglichkeiten eines ver-
ständigen Lübeck-Tourismus, nämlich die Gäste in
einem Stück angemessen sanierter authentischer
Altstadt zu empfangen und zu beherbergen, wurde
damals noch nicht erkannt. Erhalten ist nur die Straßenfassade des 19. Jahrhunderts. Die neue lange
Seitenfront an der Schwönekenquerstraße zeigt
„Lübecker Biedermeier Jahrgang 1983". Da hätte
angemessene moderne Architektur vielleicht etwas
gutmachen können.

28 Fischergrube 54-64

Die 1997 vollendete Lücken-
schließung Fischergrube 54-66
ist die größte Baumaßnahme in
der Innenstadt seit Karstadt
(Entwurf: Chlumsky/Peters/
Hildebrandt). Dank der 1993 in
Kraft getretenen Grabungs-
schutzverordnung blieben die
mittelalterlichen Fundament-
mauern der 1942 abgebrannten
Giebelhausreihe unter den
Neubauten erhalten. Die lange
Straßenfront zeigt Lübecker
„Schaufassaden", deren obere
Abschlüsse zwischen Dreiecken
und horizontalen Schildwänden
wechseln. In den Fassaden
werden hohe Dielen und Portale,
geteilte Fenster und Blendnischen zitiert – allerdings in
absolut unverdächtigen heutigen
Formen.

Die nur zweigeschossige
Hofbebauung orientiert sich an
den überkommenen Gang-
Strukturen, ist dabei weitläufig,
offen und hell. Vorbildlich an
dieser gelungenen Stadt-Reparatur ist auch die
altstadttypische Mischung aus Wohnen und nicht-
störendem Gewerbe.

Eine Mietshaus-Anlage von 1566: An der Engelsgrube (Nrn. 81/83/85) stehen drei Giebelhäuser, an der Großen Kiesau sind es drei traufständige Häuser und im Blockinneren sechs Ganghäuser. In der Abfolge der Haustypen von der Haupt- zur Nebenstraße spiegelt sich auch das damalige soziale Prestige der Bewohner. Dass Reiche und weniger Reiche eng beieinander wohnten, ist bis ins 19. Jahrhundert eher das Normale. – Bauherr und Vermieter war Wilhelm Meding, „auf Spanien fahrender" Großkaufmann. Heute ist fast die gesamte Anlage saniert – es fehlen nur noch Engelsgrube 83, Große Kiesau 7 und Kreuz Gang Haus Nr. 6.

Trotz vielfacher Umbauten und Veränderungen ist die erstaunliche Einheitlichkeit der Anlage noch zu erkennen. Von den „Drillingen" an der Engelsgrube bewahrt das Eckhaus (Nr. 85) am meisten von der alten Struktur, die beiden Nachbarn zeigen zwar noch die originalen, mit Taustab-Profilen verzierten Renaissance-Giebel, die Änderung der Deckenhöhen im 19. Jahrhundert (s. rechts) bewirkte aber starke Eingriffe im Dielen- und Obergeschoss.

Die Rettung des völlig verwahrlosten und eigentlich schon aufgegebenen Kreuz Gangs Große Kiesau 5 nach 1982 ist besonders hervorzuheben – auch wenn einige Details nicht ganz korrekt erneuert sind. Es herrschen schlichte Renaissance-Formen vor: große Fensteröffnungen mit Fasensteinprofilen, doppelt gestufte Rundbogenportale, sandsteinerne Hausmarken mit dem Hausherrn-Kürzel WM. In der soliden Bauweise spiegelt sich die lebhafte Baukonjunktur der Jahre um 1560/80 wider.

30 Sanierungsschwerpunkt untere Engelsgrube

In der nordwestlichen Altstadt wird seit Mitte der 1970er Jahre saniert. Die Engelsgrube ist besonders reich an interessanten Sanierungsmaßnahmen: Im unteren Verlauf der Straße der neoklassizistische Neubau Nr. 80 (s. Bild unten) von 1984 (Büro H. Hamann). Die Lücke war beim Bau des nebenstehenden Luftschutzbunkers 1941 entstanden.

Das kleine Kaufmannshaus Nr. 74 wird seit 1992 mit hohem finanziellen und denkmalpflegerischen Aufwand restauriert. Den zeitlichen Rahmen hat sich der Bauherr wohl etwas zu weit gesteckt: die Fertigstellung ist noch längst nicht in Sicht. Hinter der barocken, mehrfach veränderten Fassade (ein weiteres Beispiel für Rekonstruktion der farbigen Fassung) steckt ein Hauskörper von etwa 1500 mit einer großen Menge an schönen Ausstattungsbefunden, insbesondere Wand- und Deckenmalerei.

Die Häuser Nrn. 66 und 68 (ehemals Brauerhäuser) sind frühe Opfer einer wenig sensiblen Rustikal-Sanierung um 1977/78, der fast alles Originale suspekt war. Eher positiv das gotische Eckhaus Nr. 56, das 1978 aus einer starren Zementputz-Haut herausgeschält wurde.

31 Sanierung in der oberen Engelsgrube

Engelsgrube 45, über älteren Mauern um 1550 neu errichtet, zeigt einen Hochblenden-Giebel in Lübecker Renaissance. Innen konnte die gesamte Raumstruktur mit farbigen Fassungen und Malereien erhalten und restauriert werden: Hervorzuheben die schöne Diele mit Galerie und in der Dornse eine bemalte Kassettendecke.

Das um 1600 erbaute, 1984 sanierte Nachbarhaus Nr. 47 besitzt statt der senkrecht gliedernden Hochblenden eine Geschoss-betonende, großzügige Durchfensterung in niederländischer Art. Ein durch ein historisches Foto belegter Staffelgiebel wurde schon im 19. Jahrhundert bis auf die dreieckige Kontur des Satteldachs abgetragen. Die Balkenlage über der Diele wird von einem Hausbaum mit Unterzug, Sattelholz und Kopfbändern abgestützt. Im Flügel sind umfangreiche Reste der Renaissance-Ausmalung aufgedeckt worden: Ein Großteil der Mauresken-geschmückten Decke konnte gerettet und restauriert werden; die

aufschlussreichen Spuren von Wandmalereien sind leider ganz verloren. Die Bleiverglasung der Straßenfassade stammte aus dem 18. Jahrhundert, wurde allerdings erneuert. Die in jüngerer Zeit durch Abwitterung langsam entstandene Backsteinsichtigkeit beider Fassaden ist beibehalten worden. Eine sehr schöne Sanierungsleistung ist auch Engelsgrube 23, ein im Kern gotisches Haus. In den 1917 erbauten ehemaligen „Jenne-Speichern"

(Nrn. 38-42) hat man versucht, sich mit modernen Ladeneinbauten aus Stahl und Glas ins Ensemble einzufügen – sehr lobenswert! Leider fiel dieser Planung 1981 die gesamte Struktur eines in den Neubau von 1917 integrierten Renaissance-Dielenhauses zum Opfer, der Industrie-Charakter der Hofseite wurde durch eine historisierende „Rekonstruktion" ersetzt.

32 Sanierte Gänge in der Engelsgrube – eine Auswahl

entschieden. Die neue Architektur von 1985 hält sich an die Kubatur des nur eingeschossigen Vorgängers und ist auch im Detail bescheiden.

Um 1900 waren in Lübeck noch 130 Gänge erhalten. Jetzt sind es noch 70 – erstaunlich, wenn man weiß, wie heftig man jahrzehntelang gefordert hat, diese „menschenunwürdigen" Behausungen verschwinden zu lassen. Doch das Urteil hat sich gewandelt. – In der Engelsgrube läßt sich studieren, wie man mit diesen frühen Varianten „Sozialen Wohnungsbaus" umgehen kann.

Der Bäcker Gang (Nr. 43) stammt von 1551. 1985 wurde die zurückgesetzte Erdgeschoßzone rekonstruiert (s. Bild oben links. Rechts: Zustand vor Sanierung). Im Inneren ist die alte Aufteilung mit Dornsen und Kaminschürzen erhalten. Eigentümlich ein Fachwerk-Detail: Das „Ständerfußblatt", das die Stirn des unter ihm liegenden Deckenbalkens vor Witterung schützt, gibt es fast nur in Lübeck – und nur im Zeitraum von etwa 1450 bis 1550.

Der Schlachter Gang (Engelsgrube 50) ist eine der seltenen Neubau-Anlagen: Nach jahrelangem Verfall der leerstehenden Zeile wurde auf Abbruch

Ein ganz anderer Typus ist das Reihenhaus 5-9 im Qualmanns Gang (Nr. 32): Das stattliche, dreige- schossige Gebäude wurde 1606 als Kaufmanns- Herberge errichtet. Über den fünf gleichgestalteten Wohneinheiten mit Diele, Dornse und Schlafkam- mern-Obergeschoss erstreckte sich ein durchlaufen- der Speicherboden. Im riesigen, ebenfalls ungeteil- ten Dachstuhl erinnerte die erhaltene Radwinde an die frühere Wirtschaftsfunktion. Der Lukenschacht lag über einem (jetzt vermauerten) Durchgang zum Eigentümer-Anwesen Koberg 2.

1987 saniert. Die fünf Wohneinheiten wurden „nach oben" durch Hinzunahme der darüberliegenden Anteile von Unter- und Dachboden vergrößert. Die wirtschaftsgeschichtliche Einmaligkeit des Gebäudes ist damit natürlich ziemlich unkenntlich geworden. – Auf der Fassade blieben die Reste der originalen Farb-Anstriche (ursprünglich rot, später weiß und gelb) unangetastet, in den alten Fenster- zargen wurde die ehemals vorhandene Bleivergla-

sung ansatzweise rekonstruiert. Die alte Dachdeckung war erhalten, wurde aber mangels
denkmalpflegerischer Vorgaben leider „entsorgt".

Weitere beachtliche Sanierungsleistungen sind z.B.
in Sievers Torweg (Nr. 31), Krusenhof (Nr. 26) und
Zerrahns Gang (Nr 73) zu sehen. –

33 Straßenraum Engelsgrube

Die Engelsgrube gilt nach Verlust der unvergleichlichen Städtebilder der „Kaufmannsstraßen" unterhalb der Marienkirche als schönster Straßenraum Lübecks. Was wir heute als „Stadtbau-Kunst" empfinden, verdanken wir in erster Linie der Stadtplanung im 13. Jahrhundert: die spürbare Verbreiterung im unteren Drittel, dann die Verengung, gleichzeitig die zunehmende Steigung in Richtung Jakobikirche und Koberg, zu dem die Engelsgrube sich wie durch ein Nadelöhr unter drei Schwibbögen Zugang verschafft. Die im Zuge der Kanalisationserneuerung 1988/89 durchgeführte Neu-Pflasterung der Straße möchte dieser Bedeutung entsprechen. Im mittleren Abschnitt der Straße konnte ein Teil der im späten 19. Jahrhundert vorgenommenen Aufschüttung abgetragen und

das frühere Niveau zurückgewonnen werden. Die beidseitige Verpollerung der Hausvorfelder war eine stark kritisierte Maßnahme gegen wildes Parken – sie hilft, wie man sieht.

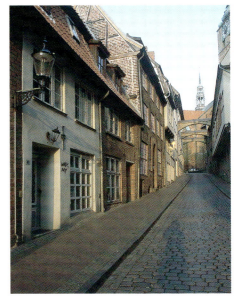

34 Neubauten Engelswisch 54-64

Die Neubauten Engelswisch 54-64 stellen die Fortsetzung des gotischen Eckhauses Engelsgrube 56 dar. Der Abbruch der dort bis 1982 stehenden Traufseithäuser des 16./17. Jahrhunderts wurde mit einer notwendigen Baustellen-Zufahrt begründet. Die neuen Häuser führen in etwas gesuchter Individualität vor, was einem zu den Themen Zwerchhaus, Gesims-Profile und Fensterformate sowie Giebel-Verdachung und Farbigkeit alles einfallen kann. Hier tummelt sich eine etwas gefällige Altstadtfolklore. – Man darf der Zeile dennoch zugute halten, dass sie im Ansatz – nämlich in der kleinteilig-parzellenorientierten Entwurfshaltung – den richtigen Weg aufzeigt.

35 Engelswisch 50

Das Haus „Zum Schwan" ist ein Denkmal der frühen Fördermittel-Sanierung. Das monumentale Brauerhaus mit seinem eindrucksvollen Blendengiebel aus dem 16. Jahrhundert wurde 1977 völlig entkernt und mit 8 Mietwohnungen ausgefüllt. Die an die Fördermittel gebundenen Auflagen führten zur inflationären Vermehrung von „Renaissance"-

Fensteröffnungen an den ehemals fast ganz geschlossenen Traufseiten sowie zur Entstehung „historischer" Dachgauben-Reihen. Alle Sprossenfenster sind neu. – Das Nachbarhaus Engelswisch 48 wurde abgebrochen. Nur das Mauerwerk des Giebels aus dem frühen 17. Jahrhundert durfte stehenbleiben – um es wieder zu verputzen und mit mißgebildeten Sprossenfenstern zu versehen. Das Ganze ist eine überaus unerfreuliche Maßnahme – Teil der Planung „Ersatzgebiet Alsheide" (vergl. Rundgang-Nr. 39). Die Maßnahmen Engelwisch 48 und 50 wurden über das „Zukunftsinvestitionsprogramm 1975" gefördert.

36 Engelswisch 65

Das „Künstlerzentrum" Engelswisch 65, ehemals
ein Backhaus, hat in der Lübecker Sanierungsge-
schichte eine besondere Bedeutung. Hier wurde der
ungeschönten und nur reparierten restlichen
Bausubstanz aus Balkenlagen, Dachstuhl und
Außenmauern erstmals ein kompromissloser Einbau
aus Stahl und Glas gegenübergestellt (1985, Helmut
Riemann). Den eleganten Dach-Aufbau der Ostseite
kann man vom rückseitigen „Schlachtergang" aus
sehen (Engelsgrube 50). Diese Lösung ist freilich ein
Sonderfall und stellt keinen Freibrief für Dachausbau dar. – Interessant auch ein archäologischer
Befund: im Erdgeschoss sind die freigelegten Reste
der mittelalterlichen Backöfen – heute in einer
kellerartigen Abschachtung – erhalten worden.

37 Blockbinnenhof Alsheide – kein Idyll

Der Blockbinnenhof im 1975 festgelegten und inzwischen aufgehobenen „Sanierungsgebiet Alsheide" ist ein Denkmal der damals noch herrschenden Licht-Luft-und-Sonne-Ideologie. Fast alle Gebäude im Inneren des völlig überbauten Blocks wurden abgebrochen, gleichgültig, ob diese bauhistorisch bedeutende Architektur waren, etwa Renaissance-Flügelhäuser mit Deckenmalereien, oder lumpige Dachpappenverschläge. 20 Jahre später ist das ganze Blockinnere total „verwaldet", eine sogenannte „grüne Oase". Doch diese Oase ist trügerisch – Ruhe gibt's selten. Problematisch wirkt sich die um 1980 mit hohem Mitteleinsatz geschaffene, hoch verdichtete Mietwohnungslandschaft in den großen ehemaligen Brauerhäusern an der Engelsgrube aus. Die sozialplanerische Begleitung dieses Experiments hat längst aufgehört – wenn es denn je eine solche Begleitung gegeben hat.

Einen Zugang zum Innenhof bietet die „Feuerwehr-Zufahrt" durch Alsheide 19. Dieses Haus ist ein passabler Neubau von 1984.

Als wahrscheinlich gut gemeintes „Trostpfläster-chen" für die etwas heftige Block-Entleerung leistete man sich neue Flügelanbauten in „historischen Formen" – etwa Engelsgrube 66 (s. oberes Bild links), Untertrave 40.

38 „Welthafen" Lübeck

Die historische Bedeutung der Trave zwischen Holstenbrücke und Altefähre als „Welthafen" des Nordens wird heute nicht mehr anschaulich. Der Hafen hat sich längst in Richtung Ostsee verzogen, nach Vorwerk, Siems und Travemünde. Von 1884 bis 1906 hatte Hafenbauingenieur Peter Rehder die Hafenbereiche am Altstadtrand noch durchgreifend modernisieren können. Geblieben sind solide, mit Granit abgedeckte Kaimauern, endlose Schienen-und Kranfahrten und monumentale Lagerschuppen. Der riesige Speicher der Kaufmannschaft auf der nördlichen Wallhalbinsel beispielsweise ist 20 Jahre jünger ist als „Die Eiche" und besitzt bereits ein Beton-ummanteltes Eisenskelett. Der 1942 stark beschädigte Bau zeigt sich noch heute in der damals nur notdürftig reparierten Form (s. Bild oben).

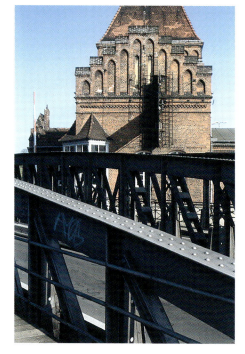

Aus Rehders Zeit auch ein denkmalgeschützter Schwerlastkran (s. rechte Seite, Bild rechts oben) und schöne Brückenbauwerke – beispielsweise die 1892 erbaute Drehbrücke (s. rechts), ebenfalls geschützt. – Diese Innenstadt-nahen Areale gelten den Planern als „Industrie-Brachen", die sie in „City-Ergänzungsgebiete" umnutzen möchten. 1993 fand daher ein städtebaulicher Wettbewerb für die „nördliche Wallhalbinsel" statt. Doch mangels Investoren blieb alles beim alten. Das KWL („Koordinierungsbüro Wirtschaft Lübeck") zeichnet bereits eigene Pläne – ein „Technologie-Zentrum" ist im Gespräch.

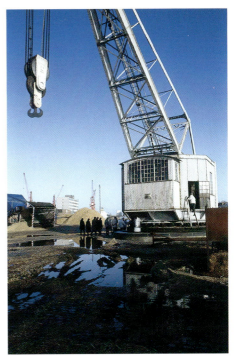

Die Maßnahme „Ersatzgebiet Alsheide" war ein mit Bundesmitteln gefördertes „Modell-Bauvorhaben" und sollte zunächst der Unterbringung von Umsetzungsmietern dienen. Die anstelle von niedrigen Fabrikhallen nach 1977 entstandene Architektur ist kaum erwähnenswert. Sie folgt aber einem sehr guten städtebaulichen Konzept, das kleinteilige Parzellierung und Wohnflügel im Blockinneren vorsah – als Zitat des Gang-Motivs.

Von großer städtebaulicher Bedeutung die Schließung einer breiten Baulücke an der Untertrave. Die drei monumentalen Giebelhäuser Nrn. 30/ 31/33 sind mit Backstein- und Blendenmotiven wohl etwas über-instrumentiert. Interessanter und weniger ambitioniert erscheinen die Fassaden der Hofseite (s. oben rechts). Von denselben Verfassern (Büros Dannien & Fendrich sowie Gothe & Steen) stammen auch die Häuser Engelswisch 32-46 (s. rechts). Auch hier sind die Rückfassaden selbstverständlicher als die Straßenfronten.

40 „Die Eiche"

„Die Eiche" An der Untertrave 34 ist der aus den „Buddenbrooks" bekannte Kornspeicher, den Thomas und Heinrich Manns Vater Johann Siegmund Mann 1873 erbauen ließ. Der 6-geschossige, mit sparsamem neogotischen Dekor versehene Klotz, dessen Lüftungsluken an der Hafen- und Rückseite mit einfachen Holzläden zu schließen sind, wurde 1995 behutsam saniert (Architekten Mai/Zill/Kuhsen). Die neue Nutzung, ein Möbelkaufhaus, ließ den eindrucksvollen Wald aus massigen hölzernen Stützen, Unterzügen, Kopfbändern und Balkenlagen unversehrt – eine Wohnnutzung hätte das Ende der frühindustriellen Speicherarchitektur bedeutet.

41 Wohnstraße Engelswisch

ren ebenfalls zum Bild; sie waren einst Wohnung der am Hafen und auf den Schiffen tätigen Arbeitsleute. Die meisten Häuser in den Gängen sind inzwischen saniert (vergl. Rundgang-Nr. 32).

Die Engelswisch ist heute eine ruhige Wohnstraße, eine der drei oder vier Straßen, in denen die Privatsanierung seit Mitte der 70er Jahre für Initialzündung sorgte. Die Kleinhausreihe Engelswisch 2-30 vermittelt einen guten Eindruck eines früher ganz auf den Hafen bezogenen Quartiers. Hier lebten und arbeiteten Schiffer, Segelmacher und Schiffszimmerer, Export-Brauer und Zulieferer. Von den hier noch gegen 1950 reichlich vertretenen kleinen Geschäften, Schiffsausrüstern und Kneipen war schon in den späten 60er Jahren nichts mehr übriggeblieben.

Wie aus einem passablen Wohnhaus von etwa 1890 ein Rokoko-Palais werden kann, demonstriert Engelswisch 33: Der vormalige Eigentümer, ein Architekt, rekonstruierte 1988 dieses „Traumhaus" nach einem frühen Foto des 19. Jahrhunderts (s. oben rechts).

Die im Gebiet gelegenen Gänge – hier der Hellgrüne Gang (s. rechts), der Dunkelgrüne Gang, Höppners Gang und der Torweg Engelswisch 33 – gehö-

42 Die Wilcken-Brauerhäuser

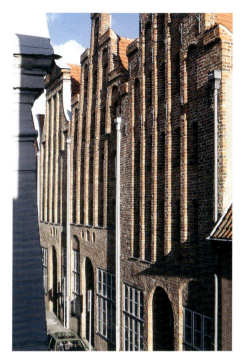

Hinter den monumentalen, um 1570 entstandenen Treppengiebeln Engelswisch 17-21 verbirgt sich seit 1982 eine ausgewachsene Schulsporthalle – eine der am heftigsten kritisierten Maßnahmen im Lübecker Sanierungsgeschehen. Nach Schließung der Brauerei H. Wilcken wurden die leerstehenden Gebäude 1980 flugs und zur Gänze vom Hausschwamm befallen. Somit durfte man zu Recht das gesamte Balken- und Dachwerk sowie die Brandmauern wegräumen. Sachzwänge können so hilfreich sein! Alt ist nur das Mauerwerk der mit neu-„historischen" Fenstern aufgepeppten Straßenfassaden und Teile von 2 Hoffronten. – Die wegen der geforderten Hallenmaße mit einbezogene Nachbarparzelle Nr. 15 wartet mit einem neu-„historischen" Blendengiebel auf.

43 Straßenraum Große Altefähre

Die Große Altefähre ist dank ihres Gefälles zur Trave hinunter und wegen des oberen Abschlussriegels mit traufständigen Mansarddachhäusern ein schöner Straßenraum. Hier haben sich noch einige Kontore von Reedereien und Speditionsfirmen gehalten. – Die Sanierung spielt bislang eine geringe Rolle. Nr. 19 gehört mit zu den „Pionieren" der Privat-Sanierung (1974). Beachtlich Nr. 27: 1717 errichtet, ehemals Speicher einer Zuckerfabrik, wurde in den 1920ern zum Kontor- und Wohnhaus durchbaut (s. Bild unten) und 1986 noch einmal saniert, wobei besonders die Hoffassade in Ordnung gebracht wurde. Die Drillingsgruppe 29/31/33 (s. oberes Bild rechts), ehemals sich gleichende Getreide-Kaufmannshäuser, zeigt verschiedene Schicksale vor: Nr. 29 verlor das Dach ab der Kehlbalkenlage, wurde verputzt und durchbaut. Nr. 33 erlitt bereits 1936 eine Totalsanierung, bei der die historische Diele und der Flügelanbau verschwanden. Große Altefähre 31, bis dato Sitz einer Großhandelsfirma, musste 1978 entsprechend den Auflagen eines Geldgebers zu einem Studentenwohnheim durchbaut werden. Immerhin blieb der historische Dielenraum erhalten.

Zwischen Burg und Lateinschulen: die Aufwertung hat begonnen

44 Das Burgkloster

Ab 1228 errichteten die Dominikaner ihr Kloster Maria Magdalena im Bereich der früheren dänischen Burg. Die Qualität der Architektur wird besonders in den schönen gewölbten Sälen des frühen 15. Jahrhunderts rings um den Kreuzgang anschaulich. Die Anlage ist auch wegen ihrer noch nicht überall aufgedeckten Wandmalereien und wegen der künstlerisch hochstehenden Bauplastik

(Gewölbekonsolen) von überregionaler Bedeutung. Nach der Reformation richtete man das Burgkloster zum Armenhaus her. Die bauhistorisch sehr interessante Kirche wurde 1818 abgebrochen.

Die Erdgeschossräume der Klausur blieben erhalten, weil sie im 19. Jahrhundert in das neue Gerichtsgebäude einbezogen wurden. 1962 erhielt das Gericht neue Gebäude am Burgfeld. Die Restaurierung der leerstehenden Anlage kam erst 1985 nach einer Initial-Spende des Mäzens Rudolfo Groth richtig in Gang. 1990 gab der langjährige Eigentümer, das Land Schleswig-Holstein, das Kloster samt Gerichtsgebäude an die Stadt Lübeck zurück.

Die Ausstellungsflächen im Obergeschoß mit den vormaligen Gerichts- und Gefängnisräumen erreicht man über ein neues Treppenhaus, das mit einer Stahlkonstruktion in einen früheren Kapellenraum eingehängt ist (s. Bild links unten).

Innerhalb der Grundfläche der ehemaligen Klosterkirche ist der Klausur 1985 ein neuer Eingangstrakt vorgesetzt worden (Entwurf: Hochbauamt). Er signalisiert mit zeitgenössischer Architektursprache „Museum". Die ondulierende Glaswand vor den ausgemalten Seitenschiffkapellen, einem bescheidenen Rest der Kirche, ist daran wohl die schönste Idee (s. linke Seite, Bild oben).

Bleibt das ungelöste Problem der Nutzung. Als neutrale Hülle für Ausstellungen aller Art ist die gotische Klausur denkbar ungeeignet – und sie ist schließlich auch, wenn man den bisher geleisteten Aufwand für Freilegung und Restaurierung bedenkt, zu teuer. Die gewölbten Erdgeschossräume mit ihren vielfältigen Ausstattungsresten (s. Bild oben: Kapitelsaal, darunter der spätgotische Ziegel-Fußboden der Sakristei) sind selbst das wichtigste Exponat. Dazu braucht man eine hervorragende didaktische Inszenierung, damit der Besucher den Wert der Anlage würdigen kann.

Eine Vorstellung von der anzustrebenden Qualität bietet die im östlichen Keller inszenierte Ausstellung zur Lübecker Münz- und Wirtschaftsgeschichte: „Der große Lübecker Münzschatz".

45 „Pockenhof" Kleine Burgstraße 20

Der Rest des im 17. Jahrhundert in die Stadt verlegten „Pockenhofs" steht an der Nordseite des grünen Block-Inneren. Es ist eine Reihe von 4 aus dem 16. Jahrhundert stammenden Ganghäusern. Dank Fördermittel-Sanierung teilen sie das Schicksal der bekannten großen Lübecker Stiftshöfe (s. Glockengießerstraße, Rundgang-Nr. 61): Aus alten Hauseinheiten mit Treppen wurden „altersgerechte" neue Etagen-Appartements. Reste von Wandmalereien verschwanden. Dekorative Wandfassungen gingen für immer verloren, großflächig erhaltene Dornsen-Ausmalungen (s. Bild unten) wurden hinter Rigips versteckt. „Offiziell" liest sich das so: „... ein erheblicher Bauaufwand, der auch durch Städtebauförderungsmittel mitfinanziert wurde".

Auch die Vorderhäuser Kleine Burgstraße 18/18a wurden Opfer der Fördermittel-Auflagen: hier senkte sich das in der Luft liegende Geld einer „Sophie-und-Heinrich-Hagen-Stiftung" herab, was dazu zwang, die in Haus Nr. 18 erhaltene schöne Biedermeier-Ausstattung rauszureißen und auch hier altersgerechte Appartements einzupassen. Auf der Verlustliste auch ein Flügelhaus des 16. Jahrhunderts mit zwei bemalten barocken Zimmerdecken, wovon eine im letzten Moment ausgebaut wurde. Die restaurierten Malerei-Felder stehen jetzt vergessen in einem Depot herum. Die ganze Maßnahme hat über fünf Millionen Mark gekostet (mit einem hohen Anteil von Steuergeldern). Mit diesem Geld hätten alle Häuser auch qualitätvoll und denkmalgerecht saniert werden können. Wer zwang hier wen, altersgerechte Appartements zu schaffen?

46 Crane-Konvent

Im südöstlichen Winkel des Blockbinnenhofs Kleine Burgstraße 20 öffnet sich ein düsterer, schmaler Hinterhof. Zwei gotische Flügelbauten mit geschwärzten Mauern fassen den Hof ein. Darüber steht ein hoher Rückgiebel mit romanischen

Rundbogen-Luken (die „Romanik" ist hier eine bewußt gewählte Bescheidenheitsform).

Von Zeit zu Zeit wird ein Plan aus der Schublade geholt, der einen Durchbau dieser noch unberührten Anlage für Zwecke des benachbarten Ernestinen-Gymnasiums vorsieht. Dazu darf es jedoch nicht kommen – Sicherheitsstandards, statische Last-Annahmen, Fluchtweg- und Feuervorschriften würden das Ende des historischen Bestands bedeuten.

Der Crane-Konvent wurde gegen 1283 von dem reichen Bürger Willekin Crane als Beginen-Konvent gestiftet. Einzigartig für Norddeutschland und die Zeit ist die Wölbung des Kellers mit Hängekuppeln. Unverändert erhalten auch das Dachwerk von 1286. Der frühgotische Giebel an der Kleinen Burgstraße 22 ist wegen seines Formstein-Repertoires (besonders der „Viertelstab") und der an Balkenlöchern noch erkennbaren ehemaligen hölzernen Balustrade ebenfalls von großem Interesse. – Die benachbarte Ernestinenschule, der bekannteste Bau der sogenannten „Heimatschutz"-Bewegung in Lübeck, entstand 1905 anstelle der drei unersetzlichen „Bernstorffschen Kurien", deren Giebelkonturen der Schulbau zitiert.

47 Koberg

Der Koberg ist Lübecks schönster Platz. An zwei Seiten des Koberg stehen mittelalterliche Großbauten: an der Ostseite das mit Pfeilertürmen bewehrte Heiligengeist-Hospital, an der Südseite die Jakobikirche mit den Maßstab-gebenden „Pastorenhäusern". Nord- und Westseite des Platzes werden von stattlichen, geschlossenen Fassadenwänden mit zumeist klassizistischem Gepräge gesäumt. Die regelmäßige Anlage ist ein städtebauliches Denkmal des frühen 13. Jahrhunderts.

Die Neugestaltung des Platzes 1996 ist Ergebnis einer von der Lübecker Possehlstiftung zur Verfügung gestellten Geldsumme und eines Architektenwettbewerbs, der von dem Hamburger Büro Fleckenstein/Meyer gewonnen wurde. Ziel war, dem Platz eine Form zurückzugeben, die der

Qualität der umgebenden Bebauung entspricht. Mit dem Ergebnis kann man nicht ganz zufrieden sein: Der Brunnen ist sicherlich ein schöner Zugewinn; aber der ungegliederte Quader gegenüber mit seinem formal und funktional unverständlichen Flugdach (welcher Aufwand für eine Toilette und einen Trafo!), das offene Gerüst des „Burrechts" in der Mitte und die Beton-Sitzlandschaft an der Nordseite

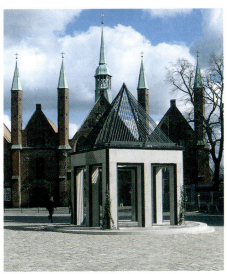

sind zu Recht kritisiert worden. Auch die Pflasterung ist allzu rustikal geraten. (Das alte „Burrecht", eine 1840 verschwundene Bude, diente bis gegen 1750 der Rechtsprechung für die Bevölkerung vor den Toren der Stadt).

Geradezu kontraproduktiv dazu die kernige Forderung aus Kreisen der Wirtschaft, den Koberg wieder als Auto-Parkplatz freizugeben – dafür ist der Platz nun wirklich zu schön. Und zu teuer.

48 Vorbild Koberg 2

Das Haus war 1980-82 die wichtigste und ergiebigste Quelle der Lübecker Bauforschung. Das jetzt nach einer früheren Besitzerfamilie „Hoghehus" benannte Gebäude ist auffallend breit, weil es sich zwischen den Giebelwänden eines um 1216 errichteten Adels-„Palas" erstreckt. Vielleicht ist dieser Palas der Sitz des dänischen Vogtes gewesen (von 1202 bis 1226 war Lübeck dänisch). Der in bürgerlichen Besitz gekommene Bau erhielt um

1280 an der Hofseite einen mächtigen, turmartigen Wohntrakt. Es ist einer der ersten echten Flügelanbauten in Lübeck (s. Bild oben). Um 1450 wurde die heute noch stehende Rückfassade mit ihrer monumentalen Hochblendengliederung errichtet – auf einer mehrere Meter in den Hof hinausgerückten Flucht. Die anfangs mit 4 Stichbogenblenden gegliederte Schauwand des Flügels ist seither auf 3 Blenden verkürzt. Auch die Front am Koberg wurde auf einer weiter vorgerücken Flucht neu aufgeführt.

Hinter der frühklassizistisch verputzten Fassade verbirgt sich eine Vielzahl historischer Räume – die Bandbreite reicht von frühgotischen Kellergewölben über Deckenmalereien und Wanddekorationen aus verschiedenen Zeiten bis zu prächtigen Stuckdecken des 17. und 18. Jahrhunderts. In Lübeck jetzt einzigartig eine großflächig erhaltene Zimmerdecke mit starkfarbigem Laub- und Rankenwerk aus der Zeit um 1500 (s. unten). Dank aufklappbarer Wandverkleidungen können auch die mittelalterlichen Mauerwerksbefunde betrachtet werden. Beispielsweise die mehrere mittelalterliche Malerei-Fassungen tragende Trennwand im Flügelanbau (Bild rechts): Diese gotischen Blendnischen sind zwar ein unverzichtbares Dokument der Hausbau-Geschichte. Sie würden jedoch die Einheitlichkeit der barocken Saal-Ausstattung zerstören, wenn man sie dauernd offen präsentierte.

Mit der Sanierung dieses jetzt wohl bedeutendsten „Patrizierhauses" Lübecks hat die Industrie- und Handelskammer sich selbst und der Lübecker Wirtschaft ein verpflichtendes Vorbild gegeben.

Als Kontrast-Programm der „Sanierungsfall" Koberg 12: das im Kern spätromanische Saalgeschosshaus wurde 1977 bis auf Teile der Außenmauern abgebrochen. Diese Reste konnten nur mit Mühe in den Neubau integriert werden.

Als Ganzes erhalten nur der mit Formsteinen und Glasuren reich geschmückte Nordgiebel, der allerdings fast völlig vom Nachbarhaus Gr. Burgstraße 46 verdeckt wird.

Mehr ein Kuriosum als ein echter Beitrag zu qualitätvollem Bauen die 1975 entstandene Fassade von Koberg 16.

49 Pastorenhäuser am Koberg

Zur Randbebauung des Koberg gehören auch die Pastoren- und Organistenhäuser der Jakobikirche. Hinter den in sparsamen Formen der niederländischen Renaissance geschmückten Fassaden verbergen sich vier traufständige Reihenhäuser unter zwei parallel laufenden Satteldächern, erkennbar an den zur Königstraße gerichteten Giebeln. Im historischen Mauerbestand haben sich Reste der 1271 gebauten städtischen Lateinschule erhalten.

Die 1987 beendete Sanierung machte aus zwei Wohnhäusern durch Entfernung der trennenden Innenwände ein modernes Gemeindezentrum. Der große Saal ist ein echtes Kuriosum: nur an den verschiedenen Decken-Ausprägungen und -bemalungen lassen sich die originalen Wohnungszuschnitte noch erahnen. Es ist zweifellos ein schöner Raum entstanden – dennoch ist diese Art der Umnutzung nicht unbedingt vorbildlich. Die sorgfältig restaurierten Zimmerdecken zeigen Varianten von Renaissance-Kassetten; das eigentlich plastische Rahmen- und Leistenwerk wird durch Licht- und Schattenmalerei imitiert.

50 Große Burgstraße

Die Große Burgstraße wird im Norden von der malerisch wirkenden Burgtor-Anlage abgeschlossen. In der Burgtormauer sind Teile der ersten Befestigung Lübecks unter Heinrich dem Löwen (1181) erhalten. – Die städtebauliche Wirkung des Burgtores wird durch die allzu aufdringliche Reißbrett-Neugotik des Gerichtsgebäudes stark beeinträchtigt (inzwischen selbst ein Denkmal, vergl. Rundgang-Nr. 44).
Die Sanierung ist noch nicht recht in Gang gekommen. Ein Beispiel ist Große Burgstraße 26: Das gotische „Papenkramhaus" (s. linke Fassade im Bild rechts unten) hat die Reste seiner Renaissance-Diele sowie ein schönes Stuckzimmer im Obergeschoß bewahrt. Das Erdgeschoß – eigentlich: der untere Dielenbereich – ist als Ladenzone unaufdringlich modern gestaltet worden (Planung: Ernst Christian Fey). – Nr. 24 rechts daneben ist das

traurige Ergebnis inkompetenter Modernisierungen in den 30er und 50er Jahren. Bis 1936 residierte hinter der als Typ seltenen Spätrenaissance-Fassade die „Weinhandlung Schön" (s. oben) auf

einer wundervollen historischen Großdiele. Vom alten Haus ist nur noch das Mauerwerk der Straßenfassade erhalten.

51 Klinkerblock an der Kanalstraße

Der schwarzviolette Klinkerbau für die Firma Noack (Kanalstraße 1-5) will ganz offensichtlich „lübeckisch" sein. Das hohe Erdgeschoss zitiert das Dielen-Motiv; die drei Treppengiebel als Bekrönung der breitgelagerten Masse wollen sicherlich ebenfalls als Altstadt-Zitat verstanden werden. Unübersehbar auch die Kreisfenster („bull eyes") als Schiff-Motiv sowie die an Anker erinnernden Beton-Dekore.

Die Hofansicht verzichtet auf solche Zitate. Mit Gewinn: gläsernes Büro, Laubengang, Appartements sprechen nur für sich. – Die Straßenfront ist allerdings dank Fensterproportionen und Material-Mischung viel zu diszipliniert, um als missglückt zu gelten. Dafür sorgen auch gute Details wie an der rechten Hauseinheit die Balkongitter und der fast „dekonstruktivistische" Stahlaufbau. – Das Gebäude steht außerhalb der Altstadt in einer historistischen Großblockstruktur – Altstadt-Zitate sind hier also nicht unbedingt zwingend. (Entwurf: Thomas Tillmann, 1996)

52 Große Gröpelgrube 30

Der kleine Neubau ist eines der beiden bislang realisierten Ergebnisse des „Lücken-Wettbewerbs" von 1989/90. Wegen eines (berechtigten) Einspruchs der Denkmalpflege kam hier nicht der erste Preis zur Ausführung (Mariana Markovic, Hamburg), sondern der zweite (Thomas Tillmann). Das 1997 fertiggestellte Haus gehört in seiner Form zum besonders in den Querstraßen verbreiteten „Traufseit-Typ" und zitiert auch den dort üblicherweise dazugehörigen Zwerchgiebel. Daß dieser Zwerch das Dach diagonal durchzieht – wie ein Prisma – hat sicherlich etwas mit „dekonstruktivistischem" Zeitgeist zu tun: dem „Diktat des rechten Winkels zu entgehen" war fast Selbstzweck geworden. – Man wird diesen bescheidenen Bau aber kaum modisch nennen wollen, zumal das Obergeschoss mit flächig in der Fassaden-Ebene sitzenden Fenstern ganz streng, fast geschlossen wirkt. – Die Hoffassade ist, wiederum Lübeck-typisch, offener und großzügiger.

53 Rosenstraße 12-20

Das in 100%iger Putz-Umgebung stehende ziegelsichtige Mietshaus Nr. 12-20 (1978, Entwurf: Hartmut Gothe) bringt einen großstädtischen Maßstab in das vormals niedrigere Ensemble. Die Straßenfassade ist recht geschlossen; die Rückseite dagegen öffnet sich mit Glas, Loggien und Balkons. Dieses eher unscheinbare, eben durchschnittliche Haus ist der erste Beleg für einen neuen Bauwillen im Lübecker Sanierungsgeschehen. Eher kritisch sind die historisierenden Zwerchgiebel-Aufsätze sowie die opulente Verwendung von Kupfer zu sehen.

Für dieses Gebäude mussten drei sanierungsfähige traufständige Häuser des 16. Jahrhunderts und ein zugehöriger, ebenfalls sanierungsfähiger Wohngang abgebrochen werden – der „gute Zweck" (ein Heim der Arbeiterwohlfahrt AWO) entschuldigte eben alles.

Die weitläufige Anlage, ein Monument von europäischem Rang, wurde 1972/74 zu einem modernen Altenheim umgebaut. Die Planer fühlten sich damals zu Eingriffen berechtigt, die nicht nur aus heutiger Sicht völlig überzogen waren. Beispielsweise wurden die alten Dachwerke von 1286 – mit Ausnahme der Langen Halle und der Kirche – abgeräumt und „entsorgt". Die historische Nordwand des Nordflügels (an der Großen Gröpelgrube) wurde um über einen Meter aufgehöht. Hinter dieser Wand steckt ein Neubau, der an der Hofseite in zweifelhaften, aus alten Backsteinen zusammengestoppelten Formen schwelgt. In der Entwurfshaltung damals wie heute eine nicht zu entschuldigende Peinlichkeit. Die Befensterung dieses Traktes sowie der bizarre „Sprossizismus" am baugeschichtlich so wichtigen Ostflügel (Ochsenhof-Fassade, s. Bild unten) lässt jegliches Bewusstsein für formale Qualität vermissen.

Das Altenheim steht nun bald 30 Jahre, es funktioniert und es ist beliebt – man muss sich aber im klaren darüber sein, dass die damit verbundene intensive Nutzung des über 700-jährigen Gebäudes nur auf Kosten der Bausubstanz möglich ist. Die Endlichkeit des Denkmals wird dem Besucher angesichts der durch Salzkristallisation „abgängigen" mittelalterlichen Wände bei oft 25 Grad Raumtemperatur insbesondere im Kreuzgang und in den gewölbten Kellerräumen schlagartig bewusst.

Auf der Nordwand der wenig genutzten und ungeheizten Kirchenhalle die auch künstlerisch überragenden Wandbilder „Christus und Maria auf dem Thron Salomonis" (s. Ausschnitt rechts) und „Christus in der Mandorla". Beide Bilder wurden 1998 nochmals gesichert und restauriert, die Ergänzung verlorener Teile (Gewänder unten) geriet dabei wenig überzeugend. Die französisch-westlichen Vorbildern verpflichteten Malereien entstanden etwa um 1310/20. Es sind noch weitere Fragmente einer einst sehr reichen Ausstattung erhalten. Die noch spürbare Qualität und Vielfalt sind für ein Spital eher ungewöhnlich.

Die Jakobikirche ist den Lübeckern als „Schifferkirche" lieb und teuer. Wir erwähnen sie als Zentrum einer westlich geprägten Wandmalerei der Hochgotik: Die überregionale Bedeutung der Kirche ergibt sich aus den um 1330 entstandenen monumentalen Pfeiler-Malereien, die 1996-98 abermals restauriert bzw. weiter aufgedeckt und freigelegt wurden (Werkstätten Ochsenfarth). Zum Mittelschiff hin sind die Apostel als „Stützen" des Glaubens und der Kirche dargestellt, an den Seitenflächen der Pfeiler sind weitere Heilige bzw. Darstellungen des Heilsgeschehens zu sehen. Unterhalb der großen Figuren ist, soweit erhalten, jeweils das „Martyrium" in Szene gesetzt. Von großer künstlerischer Kraft die Einbindung der schlanken, in S-förmiger Kurvatur stehenden Gestalten in die hochschmalen Felder der Pfeiler – wobei die Vorbilder aus der damaligen Buchmalerei ins Monumentale übertragen werden. Gemeinsam mit den beiden Wandbildern auf der Nordwand in der Heiligengeist-Kirche bilden die Jakobi-Heiligen jetzt einen zentralen Fundus an hochgotischer Wandmalerei in Norddeutschland. – Die Besucher können sich auch ein Bild über die sich ändernde Praxis des Restaurierens machen: während die 1889

aufgedeckten Bilder nach 1931 stark übergangen und „farbig aufgefrischt" wurden, sind die nach 1990 freigelegten Malerei-Felder nur konserviert und nur soweit retuschiert worden, dass die Erkennbarkeit des Ganzen gewährleistet ist (Ochsenfahrth Werkstätten für Restaurierung). Der insgesamt gut erhaltene „Laurentius" am ersten nördlichen Pfeiler (s. oben) ist ein Beispiel für die erste Kampagne, der nur in seiner rötlich-ockerfabenen Untermalung erhaltene Judas Thaddäus (erster Pfeiler der Südseite, oben rechts) ist bezeichnend für die heute übliche Art des Vorgehens. Vergleichsweise sehr gut erhalten ist u.a. auch die Darstellung der Heiligen Dreifaltigkeit („Gnadenstuhl") am dritten Nordseite-Pfeiler (s. links).

Königstraße 9 und 11: ein Hausmuseum

Die obere Königstraße – zwischen Koberg und Katharinenkirche – ist soetwas wie Norddeutschlands klassizistisches Aushänge-Schild. In der 1. Hälfte das 19. Jahrhunderts wohnten hier die feinsten Lübecker Familien. – Hinter den noblen

Putzfassaden findet sich wie immer Älteres, namentlich gewölbte Keller, die gegen 1270/80 als kühl-feuchte „Kaufkeller" erbaut wurden – wie auch unter dem Haus Nr. 9.

Die Dräger-Stiftung ermöglichte 1980/81 die Sanierung von Königstraße 9 als Erweiterung des benachbarten Museums Behnhaus. Im langen Wohnflügel (s. Bild rechts) war eine hochkarätige Rokoko-Ausstattung erhalten. Mit ihrer Restaurierung wurde eine Raumfolge in französischer Art

zurückgewonnen. Es ist eine typische „suite" mit Vorzimmer (antichambre), Saal (salon) und Garten- oder Hinterzimmer (cabinet). Es ist heute Lübecks einziges Beispiel für eine anspruchsvolle Ausstattung des 18. Jahrhunderts (s. rechte Seite). Nur hier läßt sich nachvollziehen, wie die reiche kaufmännische Oberschicht damals lebte. – Gemeinsam mit den bedeutenden klassizistischen Ausstattungen des Behnhauses nebenan (besonders die von J. Chr. Lillie gestalteten Zimmer im Flügel, ebenfalls um 1980 restauriert) und den aus der Mitte des 19.

Jahrhunderts rührenden Räumen im Vorderhaus von Nr. 9 stellen die historischen Interieurs heute das „Zentrum Lübeckischer Wohnkultur" dar – und zwar am originalen Ort. Die parkartigen Gärten hinter den Häusern stehen der Öffentlichkeit heute als „Bürgergärten" zur Verfügung.

Das „Gartenzimmer" im Flügel des Behnhauses (oben rechts) erweist Joseph Christian Lillie als Schöpfer klassizistischer Innenarchitektur von europäischem Rang. Die Suite im Drägerhaus (links) ist 50 Jahre älter – auch hier kann man das Niveau spüren, das Lübecks Bürgertum einst für sich beanspruchte.

Die ab etwa 1290 neu errichtete Franziskanerkirche St. Katharinen ist hervorragend erhalten. Trotz ihrer großen baugeschichtlichen Bedeutung wird sie als „Museumskirche" gern als Ausstellungshalle für Präsentationen aktueller Kunst genutzt. Auch der hohe Oberchor der Mönche muß trotz seines kostbaren gotischen Ziegelfußbodens gelegentlich für beliebige „events" herhalten.

Besonders anschaulich die in den 1980er Jahren freigelegten originalen „Quadrierungen" (= Steinquader symbolisierenden Ausmalsysteme) des 14. Jahrhunderts in zwei Bedeutungs-Abstufungen: Der hohe Mönchschor ist viel aufwendiger gestaltet als Querschiff und Langhaus. Die Restaurierung der Seitenschiffe und des Unterchores steht noch aus. Ungehobene Schätze an gotischer Wand- und Gewölbemalerei bergen auch die beiden Chor-Seitenkapellen. Dass die Kirche mit den noch weitgehend erhaltenen Klosterräumen eine zusammenhängende Einheit bildete, lässt sich nicht erkennen, weil der Komplex drei verschiedenen Zuständigkeiten unterliegt: die Kirche ist in den Händen der Museumsverwaltung; in der Klausur residiert seit der Reformation das „Katharineum" als erstes Gymnasium Lübecks und das schöne Mönchs-Dormitorium im Obergeschoss ist als „Scharbausaal" Teil der Stadtbibliothek. Zur Bibliothek gehört auch die südliche Chor-

Seitenkapelle; als „Konsistorialzimmer" war dieser kostbare gotische Raum (s. unten) totaler Verwahrlosung anheimgefallen. Erst im Jahre 2000 wurde die Restaurierung eingeleitet.

Aus der Glockengießerstraße bietet sich eines der schönsten Stadtbilder Lübecks: steil ragt der schlanke Chor der Kirche über den Bürgerhausgiebeln empor.

58 Kaufmannshaus Königstraße 30

Die Hausgruppe Königstraße 28/
30/32 war jahrelang in Gefahr,
einem Kaufhaus-Neubau
weichen zu müssen. Schließlich
gelang es dem städtischen
Sanierungsträger TRAVE, die
drei Häuser zu erwerben. Die
Sanierung Mitte der 80er Jahre
konnte dann von einer sorgfälti-
gen Bauforschung profitieren.

Hervorzuheben ist das privatsa-
nierte Haus Nr. 30: hinter der
gotischen Fassade von 1290
steht man auf der hochräumigen
Diele, die wie vor 700 Jahren als
Verkaufshalle dient („Laden 15").
Die spätbarocke Ausstattung mit
wunderschöner Treppe,
Kücheneinbau und Mädchen-
kammer lässt sich für Laden-
zwecke gut nutzen und sorgt
außerdem für eine unverwech-
selbare Stimmung. Der Laden-
Inhaber wohnt mit seiner Familie
im Obergeschoss. – Die Anlage

des notwendigen Fluchtwegs geriet allerdings zu
einer kostenträchtigen Posse, weil die Behörde
keinen Spielraum für vernünftige Kompromisse sah.

Königstraße 30 ist immer noch das überzeugendste
Beispiel für eine „Altstadt-kompatible" Nutzung.
Nur schade, daß so wenig andere Lübecker
Geschäftsleute darin ein Vorbild sehen.

Hinter der biedermeierlichen Putzfassade von Nr. 28
verbirgt sich (wie so oft) ein gotisches Haus mit
bedeutenden Malereien: auf der Wand der Diele ist
ein gegen 1300 entstandener Schöpfungs-Zyklus zu
sehen (thematisch gleich dem Fries im Chor der
Marienkirche).

59 Stadtbibliothek

Die Stadtbibliothek Hundestraße Nr. 5-15 ist – wie das Katharineum – ein Erbe der Reformation. Das freigewordene Franziskanerkloster St. Katharinen brauchte eine neue Nutzung; der Reformator Johannes Bugenhagen ließ im Kloster eine Lateinschule und eine Bibliothek einrichten.

Ins Straßenbild der Hundestraße gut eingefügt die senkrecht gegliederte Fassade des Neubaus von 1927. Das Klinker-expressionistische Gebäude

entwarf der damalige Baudezernent Friedrich Wilhelm Virck. Innen ist der zeitgleich ausgestattete Lesesaal mit Wandbildern von Bossanyi erhalten.

Die großzügige Erweiterung aus den 70er Jahren (jetziger Haupteingang) bedient sich gröberer, klotziger Formen. Von schöner Raumwirkung der viergeschossige Lichthof im Inneren (s. Bilder rechts. Federführende Architekten: Planungsbüro Hüsing/Voigt). Aus heutiger Sicht weniger

überzeugend der Neubau einer historischen Backsteinfassade vor dem östlichen Neubau-Abschnitt – damals von der Denkmalpflege als eine Art „Reverenz" an die drei alten Häuser verstanden, die der Bibliothekserweiterung weichen mussten.

Als Beitrag einer jüngeren Architekten-Generation die Sanierung des wilhelminischen „Mantelssaals": Dieser zu Ehren des Historikers und Lehrers Friedrich Wilhelm Mantels benannte Raum, eine über drei Rundpfeilern 1877 errichtete gewölbte Halle, wies statische Probleme auf. 1993/94 wurde der Saal gesichert und saniert. Gleichzeitig die Neu-Ausstattung mit umlaufenden Buch-Galerien, deren Verbindungsbrücken auch als statisch erforderliche Zuganker dienen. Die neuen Einbauten bilden mit der historistischen Architektur eine überzeugende formale Einheit (1993/94, Entwurf: Architekten Mai/Zill/Kuhsen).

60 Königstraße 42

Die in „Hohenzollern-Sandstein-Gotik" prangende Palais-artige Fassade des Gebäudes Königstraße 42 entstand 1890 als repräsentative Schauwand einer Reichsbank-Filiale – ein Typen-Entwurf von Max Hasak, der auch in anderen Städten, z.B. in Stralsund, gebaut wurde. Mit solcher „Reichs-Architektur" setzte der wilhelminische Staat seine Duftmarken in den selbstbewussten alten Stadtrepubliken. Die Ausführung ist von einer geradezu verblüffenden Solididät – typisch z.B. das Haupttreppenhaus mit massiven Natursteinstufen und Schmiedeeisen-Geländern. Zu den bautechnischen Besonderheiten gehört auch ein eiserner Dachstuhl. – Nach langjähriger Nutzung als Katasteramt wurde das dem Land Schleswig-Holstein gehörende Haus durchgreifend saniert und beherbergt jetzt – als Teil der Medizinischen Universität Lübecks – eine Medizin-historische Bibliothek. Die frühere Schalterhalle wurde in einen Vortragssaal verwandelt.

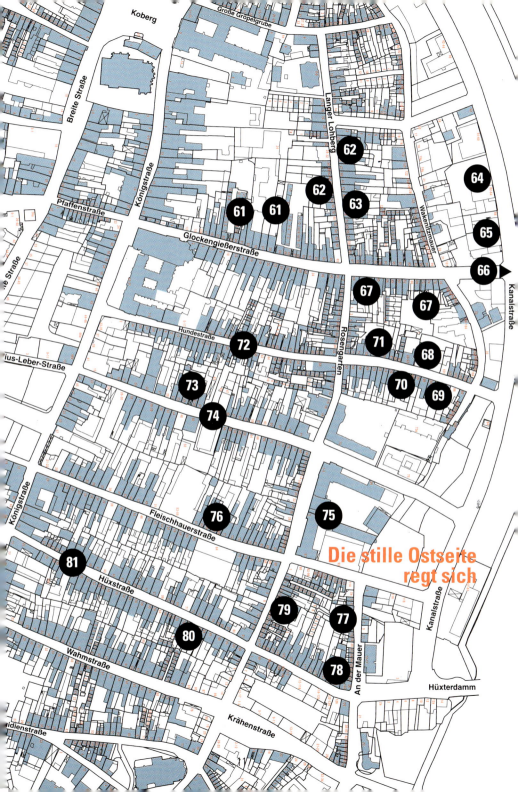

Die stille Ostseite regt sich

61 Stiftshöfe in der Glockengießerstraße

erbauten Füchtings Hof (Nr. 23/27, s. Bild links). Das einem Triumphbogen ähnelnde sandsteinerne Portal – ein gottgefälliges Epitaph für den Stifter, den

Die Lübecker Stiftshöfe dienten der Altersversorgung alleinstehender Frauen, vornehmlich Witwen. Der Besucher ist sofort vom gepflegten äußeren Bild angetan. Man sollte darüber aber nicht ganz vergessen, dass fast alle historischen Einrichtungen dieses Typs in Lübeck in den 1970er Jahren auf eine nicht unbedingt gutzuheißende Weise „saniert" worden sind: Die vormaligen Haus-Einheiten wurden zugunsten von Etagen-Wohnungen aufgegeben. Dies gilt auch für Glandorps Hof (Nr. 41/43) und die berühmteste Anlage, den 1624

Kaufmann und Ratsherrn Johann Füchting – ist in seiner ganzen Ohrmuschelstil-Pracht leider nur eine Kopie von 1988.

Bauhistorisch bedeutender ist das für Armenwohnungen erbaute Ihlhorn-Stift mit seinem gotischen Vorderhaus (Nr. 39) und seinem langen Hoftrakt in einer seltenen, nur in Lübeck anzutreffenden Fachwerk-Konstruktion (datiert 1455/57. Vergl. Bäcker Gang, s. Rundgang-Nr. 32). Auch hier ist die alte Innenstruktur nicht erhalten.

62 Gegensätzliche Sanierungskonzepte am Langen Lohberg

Die Reihe kleiner Renaissance-Giebelhäuser 38-46 gehört zu den ersten „Geh-Versuchen" der Sanierung in Lübeck. Hauptfehler dürfte 1975 gewesen sein, die kleinen Häuser Mietwohnung-Standards anzupassen. Immerhin blieb in Nr. 46 die schöne Rokoko-Diele erhalten.

Jüngste Maßnahme (1998) ist das im Kern um 1500 erbaute Reihenhaus Nr. 27-31 (s. unten). Wahrscheinlich ist diese Anlage zunächst eine große Gerberei

mit einer weitgehend offenen Erdgeschosshalle gewesen. An der Hofseite sind Teile des Trägerbalkens erhalten, auf dem das Obergeschoss aufsaß. Die drei neuen Wohnungen sind statisch selbständige Einheiten, um die alten Mauern nicht zu belasten – eine Art „Haus-im-Haus"-Prinzip. Die neuen Zutaten an der Straßenseite – Türen, Oberlichter, Zwerchgiebel – sind angenehm-zurückhaltend modern; die Gestaltung der Mauerwerks-Befunde wirkt dagegen etwas pädagogisch.

Die bunkerartigen Neubauten von 1983 gegenüber (Nrn. 28-32) sind nur an den Rückseiten (s. oben) in Maßen erträglich.

63 Brauerhäuser am Langen Lohberg

Am Langen Lohberg fallen die großen ehemaligen Brauerhäuser an der Ostseite auf (Nr. 31-49), Nachfolger mittelalterlicher Gerberhäuser. Im Laufe des 19. Jahrhunderts verschwanden die letzten Betriebe und die Gebäude wurden zu Mietshäusern umgebaut, was an den spätklassizistischen Straßenfassaden ablesbar ist. Die Dachstühle und Rückfassaden stammen durchweg noch aus dem 16. Jahrhundert. Mit Anspruch saniert bisher nur Nr. 41; die neuen Wohnräume wurden mit „Klima-Abstand" zu den gotischen Brandwänden eingebaut. Beachtlich auch das ehemalige Brauerhaus Nr. 47, das noch seinen Stufengiebel aus der Erbauungszeit besitzt (s. Bild rechts). Vor Beginn der Sanierung mußte 1986 zunächst ein inkompetenter „schwarz" durchgeführter Umbau entfernt werden. Die frühere Braudiele mit beschnitzter Tragsäule („Hausbaum") und Galerie wurde in etwa wiederhergestellt. Das stattliche Giebelhaus enthält heute als Studenten-Appartements (Architekt Hartmut Gothe). Die Sanierung des ebenfalls noch weitgehend erhaltenen Nachbarhauses Nr. 49 wird vorbereitet. Die Hofansicht (s. unteres Bild) verdeutlicht die einst klare Trennung zwischen Wohntrakt („Flügel") und Gewerbe: das Vorderhaus war mit seiner hohen Braudiele und den darüberliegenden 3 Speicherböden eine richtige Fabrik.

64 Gewerbehöfe an der Kanalstraße

Die Kanalstraße ist erst um 1900 im Rahmen des Elbe-Lübeck-Kanal-Baus entstanden. Hier werden mit Erfolg Betriebe angesiedelt, die in der Altstadt stören oder dort nicht hineinpassen, weil sie viel Fläche brauchen. Dieses Konzept ist also genauso alt wie der Kanal und die Kanalstraße selbst – allerdings wurden in den 70er und 80er Jahren viele der um 1900 gebauten Betriebsgebäude abgerissen, um wieder ein freies Vorfeld zur Altstadt zu schaffen.

Die Architektur des neuen Gewerbehofs Kanalstraße 58/60 ist ein bescheidener Ableger des Gruner & Jahr-Pressehauses am Baumwall in Hamburg: schräge Stützen, Verblechung und „bulleyes" sollen auch hier für typische Hafen-, gar Werft-Atmosphäre sorgen. Die schlichte Rückseite der etwas Zitat-belasteten Reihe überzeugt stärker – dank ihrer strengen Gliederung. Die zentralen Erschließungshallen mit ihren Treppen und umlaufenden Galerien bieten schöne und überraschende Raumwirkungen (Entwurf: Petersen & Pörksen).

65 „Werkhof" und Brücke

Der „Werkhof" an der Kanalstraße ist eine für Veranstaltungszwecke umgenutzte kleine Fabrikhalle. Reparatur der Anlage und Einbau der 2-geschossigen Laden-Galerie wurden 1986/87 mit einfachsten Mitteln bewerkstelligt und betonen den früheren Gewerbe-Charakter (Architekt: Jürgen Kümmel). Zum Gesamtkonzept gehört auch das „Café Affenbrot" und das „Rucksack-Hotel". – Der „Werkhof" ist besonders wegen seines Veranstaltungsprogramms gut angenommen worden und hat zur Quartiersverbesserung beigetragen.

Der Elbe-Lübeck-Kanal, der hier „Klughafen" heißt, wird von einer formal etwas über-instrumentierten Brücke überspannt. Sie erfüllt die wunderbare Funktion, den Stadtteil gegenüber an die Innenstadt heranzuholen, was sicherlich auch dem „Werkhof" zugute kommt (Entwurf: Kleffel & Köhnholdt, Hamburg, 1992). Jenseits das dazugehörige Parkhaus.

66 Bürohaus Falkenstraße

Der Wechsel von Ziegel- und Putzflächen erinnert an Fassadenabfolgen in der gegenüberliegenden Altstadt. Die angenehm niedrige Baumasse ergab sich aus der Randstellung am Wasser („Klughafen"). Die Treppenhäuser sind luftige Stahl-Glas-Konstruktionen. Zum Ufer führen lange Flügel hinunter, deren Stirnseiten vage an 20er-Jahre-Architektur erinnern. Das Ganze von freundlicher Gesamterscheinung (White Arkitekter Malmö). Die Nutzer klagen allerdings über einige grundrißliche und funktionale Mängel. Die lange Südseite blickt auf einen neuangelegten kleinen Ufer-Park.

Die Anlage ist ein Projekt des KWL (Koordinierungsbüro Wirtschaft Lübeck), mit dem Ziel, der Privatwirtschaft hier innenstadtnah Büroflächen anzubieten: Eigentümer ist mittlerweile wohl die „Neue Lübecker", Mieter sind weitere Wohnungsbaugesellschaften und städtische Ämter. Auch das nahegelegene Parkhaus (s. Rundgang-Nr. 65) verdankt seine Existenz dem Planungsziel, die Altstadt durch Ersatz- und Ergänzungsbauten zu entlasten.

67 Sanierung in Block 13

„Block 13" zwischen unterer Glockengießerstraße und unterer Hundestraße – alle Blöcke in der Altstadt tragen Nummern – galt lange als Mißstandsgebiet als Folge verschleppter stadtplanerischer Entscheidungen. Hier wurde das Problem dringend sanierungsbedürftiger Gänge in den frühen 1970er Jahren durch Total-Abriss aus der Welt geschaffen – der Lübecker Beitrag zur Flächensanierung. An Stelle von Graths, Storms und Nöltings Gang erstreckt sich jetzt ein ansehnlicher Kinderspielplatz (Durchgang: Nr. 62), in den auch Bereiche eines früheren Fabrikgeländes einbezogen wurden. Den Großteil dieser Industrie-Fläche (Wakenitzmauer) nimmt seit etwa 1980 eine städtebaulich sehr angenehm gegliederte Wohnanlage ein. Mit ihrem

„Neo-Biedermeier" spiegelt sie allerdings die zeittypische Entwurfshaltung.

Vom Haus Glockengießerstraße Nr. 72 war nach einem Brand nur noch die Straßenfassade mit ihrem Treppen-Zwerchgiebel aus der Zeit um 1600 erhalten. Der Hauskörper ist also neu, die Gartenfassade (s. Bild rechts) variiert das alte Dielenfenster-Motiv in gemäßigt moderner Form (Architekt Büro H. Hamann).

Glockengießerstraße 50 ist eine sehr aufwendige und vorbildliche Privat-Sanierung.

Die früheren großen Brauerhäuser Nrn. 46 und 48, bereits im 19. Jahrhundert zu Etagen-Wohnhäusern durchbaut, sind 1996 saniert worden; das stark verwahrloste Eckhaus Nr. 44 (s. Bild oben) folgt 2000/2001 (Architekturbüro Deecke). – Der gotische Flügelanbau von Nr. 48 (zu sehen von Schwolls Torweg, Nr. 52) ist drei Stockwerke hoch – eine solch turmartige Form ist nahezu einmalig.

68 Im Maßstab: Hundestraße 95

Die Baulückenschließung Hundestraße Nr. 95 ist das zweite gebaute Ergebnis des Baulückenwettbewerbs von 1988 (Entwurf: Chlumsky/Peters/Hildebrandt), eine kraftvolle Fassade zwischen dem wilhelminischen Mietshaus Nr. 89/93 und der unsäglichen 60er-Jahre-Kiste Nr. 97/99. Der Entwurf zitiert lübeckische Motive wie Staffelgiebel und hohes Dielengeschoß samt geteilten Sprossenfenstern, ist aber dennoch zeitgemäße Architektur der 90er Jahre, die nicht auf schrille Selbstdarstellung, sondern auf selbstbewusste Einfügung setzt. Besondere Beachtung verdient der Loggia-ähnliche

Umgang der Dach-Maisonettewohnung. Das zentrale Treppenhaus ist als „Weg durchs Haus" konzipiert – mit eigenen „Raumqualitäten und Blickbezügen". Auf dem Hof ist ein schönes neues Flügelhaus entstanden.

69 Hundestraße 94

Spitzbogenblenden und darin geschossweise angordnete spitzbogige Zwillings-Öffnungen zitieren zwar stolz die Bauformen der Kirche, sind aber auch funktional zu verstehen: Auf den Böden hinter den mit Luken siebartig perforierten Giebelwänden wurden die gegerbten Häute getrocknet. Diese um 1290 erbauten Gewerbe-Einheiten gelten heute als älteste Lübecker Dielenhäuser. Vorbildlich saniert nur Nr. 94; hinter dem frühgotischen Staffelgiebel ist die große Diele mit der historischen Dornse und der um 1800 modernisierten Treppenanlage erhalten.

Das mittlere der 3 ehemaligen Gerberhäuser wurde 1964 abgebrochen – nach heutiger Kenntnis war es ein bauhistorisches Juwel. Die an seiner Stelle errichtete aufgeblasene Nostalgie-Kiste (mit 16 Wohnungen!) empört noch heute, weil sie durch unverfrorene Gotik-Anleihen den abgebrochenen Vorgänger verhöhnt. Eine ganz üble Erscheinung.

Wegen der nahen Wakenitz siedelten sich im hohen Mittelalter am unteren Ende der Hundestraße die Gerber an (die Wakenitz wurde erst 1900 durch den Elbe-Lübeck-Kanal von der Altstadt „verdrängt"). Gerberhäuser waren beispielsweise Nr. 90, 92, 94:

70 Hundestraße 76

Diese fast einem Neubau gleichkommende Sanierung hat in der Lübecker Architektur-Diskussion eine wichtige Rolle gespielt. Der Hauskörper ist völlig neu – mit einem sehr überlegten schönen Grundriss, der nur entfernt an das traditionelle Dielenschema erinnert (vergl. S. 28), und einem modernen, sehr elegant proportionierten Flügelanbau. Außer den seitlichen Kommunmauern und Teilen der Balkenlage konnte nur die gotische, um 1800 mit Schweifen versehene Fassade erhalten werden. Zum ersten Mal in der Lübecker Sanierung wurden hier sehr überlegt gestaltete moderne Fenster gewagt. Der Anstrich in weiß folgt einer möglichen Farbigkeit des frühen 19. Jahrhunderts (Entwurf: Architekten Mai/Zill/ Kuhsen, 1987).

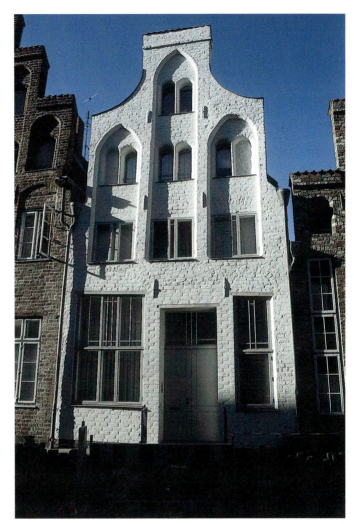

71 Hundestraße 71-79

Die Hausgruppe 71-79 geht auf das Konto der Wohnungswirtschaft und ihrer Förderpraxis: von den Häusern blieb kaum mehr als das stark überarbeitete Mauerwerk der Straßenfassaden erhalten. Sämtliche Fenster sind neu – erfundene Sprosse als „Historizitäts-Beweis". Besonders unangenehm die Beibehaltung der Vermauerung und Verbretterung der Lüftungsluken im Spätrenaissance-Giebel Nr. 77 – was und für wen wurde hier eigentlich „saniert"? Entmutigend auch die Rückseiten: obwohl hier fast alles von Grund auf neu ist, sieht alles „alt" aus – viel Sprosse und wiederverwendeter Klosterformat-Backstein. Es gibt keinerlei Zeitspur der Sanierung 1984 – es sei denn, man hält Nostalgie für einen echten Ausdruck der 80er Jahre.

72 Keimzelle der Privatsanierung

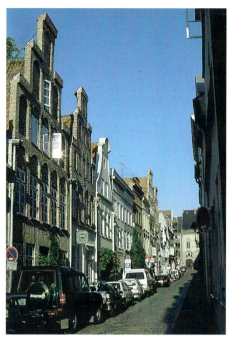

Ausgerechnet die seit den 1920er und 30er Jahren übel beleumundete Hundestraße hat in den 70er Jahren das Interesse von Althaus-Enthusiasten und Sanierern geweckt: Zerfall und Vandalismus konnten nicht verbergen, welche Werte hier wiederzuentdecken und zu retten waren. Wegbereiter waren die Maßnahmen Nr. 35 (Haus Tillmann) und 64 (Haus Baumann); wenig später folgten Nr. 4 und 8, 24, 26, 40 und viele andere nach, auch in den Gängen. Die Hundestraße gilt heute – wie Obertrave und Engelswisch – als „durch privates Engagement gerettet".

73 „Haasen Hof"

Der Hasen Hof (Dr.-Julius-Leber-Straße 37/39) ist der jüngste der berühmten Lübecker Stiftshöfe (1727 gestiftet von der Weinhändlerswitwe Magdalena Haase, mit zwei „a"). Fertigstellung 1729. An der Straßenseite sind ältere Gebäudeteile einbezogen. Die strenge Anlage orientiert sich am nüchternen, eher klassizistischen niederländischen Barock. – Die durchgreifende Sanierung 1977/78 folgte dem „bewährten" Schema des Sanierungsträgers, d.h. Auflösung der Haus-Einheiten, Umbau zu Appartements auf Etage. Von besonderer Bedeutung die Ausmalung der Dornsen. Die in Braun-„Grisaille"-Tönen auf Holz gemalten Bilder wurden zum größten Teil herausgenommen und nach ihrer Restaurierung im leeren Erdgeschoss des Vorsteher-Hauses wieder aufgestellt. Die Sanierung des Äußeren ist dagegen mit größter Umsicht und Zurückhaltung durchgeführt worden – das Bild ist tatsächlich

das alte: sogar die Fenster mit ihrem alten Glas und den originalen Beschlägen blieben erhalten. Die nachgewiesene Weiß-Fassung (Kalk?) des Mauerwerks wurde nicht wiederholt.

Die neuen Giebelhäuser Dr.-Julius-Leber-Straße 41-47 schließen seit 1997 eine der letzten Bombenlücken Lübecks. Die verputzten, hellgestrichenen Fronten bieten sich als einfache Lochfassaden, die gelinde an klassizistische Formen erinnern. Die Architektur ist alles andere als sensationell oder bedeutend: Man bemerkt sofort die angestrengte Bescheidenheit. Nur die mittlere der drei Fassaden verrät etwas Gestaltungswillen. Die hier geübte Entwurfshaltung hat sicherlich kein Meisterwerk hervorgebracht – das Ergebnis dürfte dem Straßenbild aber förderlicher sein als ein nur modischer Versuch, den man an anderer Stelle durchaus begrüßen würde. – Im Hof entfaltet diese Wohnanlage kleine Freiheiten und auch etwas Qualität.

Im Umkreis sind mehrere private Sanierungsleistungen sind zu nennen. Besonders hevorzuheben ist Nr. 56: Das im wesentlichen aus dem 16. Jahrhundert stammende Haus bewahrt in seinem Wohnflügel einen nahezu vollständig erhaltenen Renaissance-„Saal" mit gemalter Kassettendecke und intarsierten Paneelen (s. Bild rechts. Restaurierung: Werkstatt Saß).

75 St. Johannis und das Johanneum

Das Nonnenkloster St. Johannis lag einst wie ein Riegel vor der unteren Johannisstraße (seit 1948 Dr.-Julius-Leber-Straße). An seiner Stelle erstreckt sich heute u.a. das „Johanneum", das zweite städtische Gymnasium, und das frühere Feuerwehr-Gebäude in Formen des Heimatschutzstils zwischen Renaissance, Barock und Jugendstil (Baudirektor Joh. Baltzer, 1905/07). Mitten auf dem Schulhof steht das ehemalige Refektorium mit seinem kraftvollen spätromanischen Westgiebel, der letzte Rest der Klostergebäude. Dieser lange Trakt wurde 1986 vom Hochbauamt saniert und zu Klassenräumen durchbaut.

Jüngste Maßnahme ist die Sanierung des früheren Feuerwehr-Gebäudes, das ebenfalls für Schulzwecke eingerichtet wurde. Neu auch die gelb-ockerfarbene Fassung (1999, Büro Mattias Menzel und Hochbauamt). – An der Fleischhauerstraße die wenig auffallende, weil tief in die Erde eingebuddelte Dreifelder-Turnhalle des Johanneums. Die Dachfläche ist eine riesige, Stehfalz-gegliederte Zinkblech-Landschaft, von der im Straßenbild allerdings wenig zu sehen ist. – Als 1982 die gewaltige Baugrube auszuheben war, mussten wichtige archäologische Befunde geopfert werden. Hier lag der Wirtschaftshof des Klosters.

76 Fleischhauerstraße 65

Das Gebäude entstand nach 1875 im Stil eines klassizistisch geprägten Historismus. Das auf alter Parzelle zwischen den erhaltenen mittelalterlichen Brandmauern errichtete Haus ist der optische Mittelpunkt des Ensembles Fleischhauerstraße 61-75. Mit seiner reich verzierten Fassade und der anspruchsvollen Gestaltung im Inneren (Oberlicht über dem Treppenhaus, s. Bild unten) demonstriert das Haus großbürgerliches Selbstbewußtsein der frühen Gründerzeit – und das mitten in der Altstadt. Denn zu der Zeit konnte man seine Villa bereits „im Grünen" vor den Toren der Stadt errichten.

Diese „Stadtvilla" folgt indes noch dem traditionellen, seit dem Behnhaus (1789) üblichen Schema: über dem Parterre (Geschäftsräume, Flure, Treppe) liegt eine großzügig-repräsentative „Belétage" mit Zimmerhöhen von nahezu vier Metern. Im zweiten Obergeschoß sowie im dreigeschossigen Flügel weitere Wohnräume sowie die Schlafzimmer. Im ansonsten nicht ausgebauten Dach sind drei „Mädchen"-Kammern erhalten.

Sanierung 1999/2000 in Privatinitiative. Eingriffe in die vorhandene Substanz wurden weitestgehend vermieden. Es wurden zwei selbstgenutzte Wohnungen für die Eigentümer (und Sanierer) und eine Mietwohnung geschaffen. Den traditionellen „Gewerbeteil" füllt heute das Büro der für die Planung verantwortlichen Architekten, Mit-Eigentümer und Mit-Bewohner Jörg Haufe/Nicola Petereit.

Im Hause befindet sich auch die Geschäftsstelle der Althaus-Sanierer-Gemeinschaft.

Ein traufständiges Handwerkerhaus am ehemaligen Schlachthof, vielleicht sogar eines der „Küterhäuser" (Gewerbebau eines Schlachters). Der gesamte Hauskörper des 14. Jahrhunderts ist samt Dachstuhl und Balkenlagen erhalten. Besonderer Schmuck ist enthielten, konnte man hier mit neuen Sprossen-Teilungen experimentieren.

Die vom Vorgänger übernommenen schwarzen Betonpfannen sind freilich keine Empfehlung. Sie wurden (zunächst) beibehalten, weil sie noch intakt

innen die schöne Treppe von etwa 1790. – Dieses Haus wurde in beispielhafter Weise „nachhaltig" saniert, d.h. die historische Substanz wurde möglichst umfassend weiterverwendet. So sind z.B. die klassizistischen Erdgeschossfenster sauber repariert worden – um 1985 musste man ein solches Vorgehen gegenüber den Handwerkern noch durchsetzen. Da die gotischen Maueröffnungen der Hofseite keine verwertbaren Fensterreste waren. Der rote Kalkfarben-Anstrich wiederholt eine Spät-Rokoko-Fassung.

Markantestes Bauwerk im Umfeld ist das 1999 neu verkleidete Parkhaus „Aalhof", das an die nackten Bunkerbauten von 1941/42 anschließt. Erfreulich die in Gang gekommene Sanierung der aus dem 19. Jahrhundert stammenden Wohnhäuser An der Mauer 5/7/11, deren Fassaden über dem Fundament der abgebrochenen Stadtmauer stehen.

Wegen der Nähe zum Wasser ist auch die untere Hüxstraße ein Brauer-Zentrum in Lübeck gewesen. Der älteste Sanierungsfall ist das Eckhaus Nr. 128, bis Anfang der 1970er Jahre Brauerei Bade. Die „Gesellschaft zur Beförderung Gemeinnütziger Tätigkeit" ließ das Gebäude nach 1979 zu einem Studentenwohnheim durchbauen. Damals durchaus ein Signal. Hinter der spätgotischen Hochblendenfassade mit neuen Sprossenfenstern ist nichts Altes erhalten.

Die mächtige spätbarocke Straßenfassade von Nr. 121 (links, in Bild Mitte) ist nachklassizistisch überformt, die Hoffront und der schöne Flügelanbau des Hauses zeigen noch die Formen der Erbauungszeit um 1600. Interessant waren hier die Reste der früheren Farbigkeit (Kalkfarben-Anstriche, s. Bild unten). Das Innere wurde im 19. Jahrhundert zu Etagenwohnungen durchbaut. Die nach 1988 durchgeführte behutsame Sanierung beließ diesen Zustand und ordnete die Haustechnik neu.

Einen guten Eindruck machen auch die in den 1990er Jahren zurückhaltend sanierten Häuser Nr. 119 und 115 – ebenfalls ehemalige Brauhäuser mit älteren Strukturen. Die Ergänzung des schönen „Laufender-Hund"-Frieses (eine Sonderform des klassizistischen Mäander-Bands) über dem Erdgeschoß von Nr. 115 steht aber noch aus.

79 Zwei Sanierungsfälle in der Schlumacherstraße

Die wiederentdeckte Fassade Nr. 11 mit der Gliederung des späten 16. Jahrhunderts (s. Bild unten) ist dem Durchsetzungswillen des Eigentümers zu verdanken. Nach Freilegung und bauhistorischer Untersuchung entschied er gegen den Rat der Denkmalpflege, den bautechnisch unhaltbaren wilhelminischen Umbau-Zustand samt seinem glatten Zementputz nicht wiederherzustellen. Deshalb steht dieses Denkmal nicht unter Denkmalschutz. – Das Haus ist auch im Inneren vorbildlich saniert (u.a. Malerei-Reste). Die Fenster im Bereich der ehemaligen hohen Handwerkerdiele sind vielleicht etwas zu großmaschig geraten.

Der 1458 erbaute „Dornes Hof" Schlumacherstraße 15-23 ist das zweitälteste Lübecker Wohnstift. Die Sanierung 1975 stellte die Vermietbarkeit wieder her. – Die denkmalpflegerische Bilanz ist aus heutiger Sicht unbefriedigend: Die seit alter Zeit übliche weiße Kalkfassung der gotischen Hochblenden-Fassade wurde entfernt (s. alter Zustand Bild oben), das Mauerwerk in überaus rustikaler Weise ausgebessert und die reparierfähigen originalen Fenster „entsorgt". Bereits 1956 war der malerische Fachwerktrakt im Hof abgebrochen worden. Besonders störend die überdimensionierten Schleppgauben auf der ehemals nahezu ungestörten riesigen Dachfläche.

80 Städtebauliche Denkmalpflege in der Hüxstraße

Die Hausreihe Hüxstraße 78-90 konnte nur dank eines extra ausgewiesenen Sanierungsgebiets in ihrer abwechslungsreichen Kleinteiligkeit erhalten werden: Ein „abgängiges" Möbelhaus hatte hier hinter den Fassaden eine einheitliche und durchgehende Nutzfläche hinterlassen. Der Sanierungsträger ließ die einzelnen Haus-Einheiten wiederherstellen und als Einzellose vermieten. Außer den Straßenfronten und den Dachstühlen ist zwar kaum etwas Altes erhalten, aber diese Parzellen-Rehabilitierung ist ein gutes Beispiel für „städtebauliche Denkmalpflege". Die Maßnahme (1982) trug wesentlich zur Wiederbelebung der Hüxstraße bei – inzwischen gilt die Hüxstraße über die Grenzen Lübecks hinaus als „attraktive" Altstadtstraße zum Einkaufen, Wohnen und Arbeiten.

Der Pelzer Gang (Nr. 70) ist einer der wenigen Gänge der Straße. Er führt auch zu den Wohnungen von Hüxstraße 68 – das im Hof freistehende Treppenhaus ist ein angenehm proportionierter gläserner Turm. Die wie ein schiefer Deckel aufgesetzte „Bekrönung" kann aber nicht ganz überzeugen.

Die Sanierung des gotischen Hauses Nr. 66 konnte 1999 abgeschlossen werden. Die neue Rot-Fassung erinnert an eine für das 18. Jahrhundert typische Farbigkeit.

81 Hüxstraße 32 und 35

Im mittleren Teil der Hüxstraße stehen sich zwei bemerkenswerte Häuser gegenüber: Nr. 32 (s. Bild rechts) und Nr. 35. Hinter den eindrucksvollen spätgotischen Staffelgiebeln stecken jeweils „Lübecker Gesamt-Denkmale" mit historischer

Diele, Treppenanlage, Flügelanbau und Resten von Malerei-Ausstattung. Beide Häuser gehören demselben Eigentümer, der sie nacheinander angemessen sanieren ließ (1996-99, Architekt: Thomas Tillmann). Die neuen Ladenfenster von Nr. 35 (s. oben links) stellen eine überzeugende Alternative zur nostalgischen Anpassungssucht dar: die fein profilierten Stahl-Elemente fügen sich mit ihren guten Proportionen ganz selbstverständlich in die hohe Giebelwand ein. Auch die neuen Haustüren sind sehr gut auf die Fassaden abgestimmte Entwürfe von heute – keine „Ware von der Stange"! Die alten Türen waren irgendwann einmal wegen vermeintlich besserer Erreichbarkeit der Läden „entsorgt" worden.

Die Sanierung der Hof-Fensterwand von Hüxstraße 35 ist ebenfalls keine Selbstverständlichkeit: hier wurden nicht nur die Wangen, Pfosten und Kämpfer der barocken Anlage repariert – auch das originale, teilweise noch in Blei gefasste Glas konnte gehalten werden.

Gestörte Idylle
zwischen
Bus-Spuren
und Dom

82 Ein Kaufhaus beißt sich durch

Wie sich ein Kaufhaus in einen historischen Block hineinfrisst und diesen nahezu aushöhlt, lässt sich am Fall Beutin schön verfolgen (vormals Pagels, Stammhaus: Breite Straße 91). Mitte der 1970er Jahre mussten die noch historisch bebauten Parzellen Hüxstraße 16 und 18 der Kaufhauserweiterung weichen. Die notdürftig gehaltene Barockfront Nr. 18 und die in Kalksandstein „neu erstellte" Fassade Nr. 16 sind seither der Kaufhausmasse wie Briefmarken vorgeklebt und dienen als Schaukästen-Halter. Von Königstraße 70/72 sind ebenfalls nur die Frontpartien erhalten. Diese Art von Kulissen-Pflege sollte auch beim denkmalgeschützten Anwesen Königstraße 74 walten. Der nördliche Hofflügel war bereits gefallen, als die Denkmalpflege die Erhaltung der gesamten Hauskubatur samt altem Dachstuhl und dem noch verbliebenen Südflügel erreichen konnte – die Rücknahme der Kaufhaus-Kubatur war allerdings kein Thema. So wurde die Rückseite des historischen Anwesens mit dem in Teilen noch spätgotischen Flügel zu einer nostalgisch angehübschten Innenwand des Kaufhauses umgerüstet – peinliches Theater. Die klassizistische Front an der Königstraße wurde allerdings angemessen wiederhergestellt. Der

Beutin-Blockbinnenhof (Eingang: Königstraße 76) ist übrigens eine der trübseligsten Örtlichkeiten in der Innenstadt.

83 Wahmstraße 33 und die Brauhäuser

In der Wahmstraße stehen die größten und schönsten Giebelhäuser Lübecks. Sie wurden fast alle im 16. Jahrhundert als Brauerhäuser neu erbaut. Ältere Brandwände wurden beibehalten und aufgehöht. Typisch ist die Vermehrung der Speichergeschosse über der hohen Diele: Saison-unabhängig konnte man so auf fünf, manchmal sechs großen Böden erhebliche Mengen von Braugetreide lagern.

An der Nordseite der Wahmstraße die monumentale Reihe Nrn. 33-37. Auffällig die mit Terrakotten geschmückten Kreisblenden in den traditionell senkrecht gegliederten Giebeln als bescheidene Hinweise auf „Renaissance". Diese Häuser spiegeln Lübeck-typische Lebensläufe: Nr. 33, nach Brandstiftung schwer beschädigt, wurde in bemühter Weise wiederhergestellt, besonders aufwendig der mit Renaissance-Ornamenten und bildlichen Darstellungen ausgemalte Saal im Flügel. Auch die riesige Diele ist wiedererstanden. Nr. 35

und 37 sind mit Wohnungen durchbaut. Nr. 37 hat seine bis Anfang der 1920er Jahre intakte und produzierende Braudiele einer Auto-Durchfahrt opfern müssen. Dieser historische Gewerbe-Raum wird überdies durch nostalgische Zu-Bauten stark beeinträchtigt. Er ließe sich allerdings ohne Probleme zurückgewinnen. Die Hofseite mit den hochragenden Speicherfronten böte eine der grandiosesten Lübeck-Ansichten. Damit ließe sich auch touristisch etwas anfangen.

84 „Neue Rösterei"

Die Wahmstraße mit ihren hohen Giebelhäusern leidet sehr unter dem Bus-Verkehr; die schweren Gelenkbusse der Stadtwerke verursachen Erschütterungen und Schäden. Die 1999 eingeleitete Straßen-sanierung löst dieses Problem nicht. – Dabei lässt sich gerade in der Wahmstraße eine zunehmende Aufwertung feststellen. Dazu hat beispiels-weise auch die Sanierung der Behnschen Kaffee-Rösterei (Wahmstraße 43/45, erbaut um 1890) beigetragen: in den hohen Gewerbebauten, die in fast Berliner Art einen schachtartigen Hof umschließen, haben mehrere kulturelle Einrichtungen unter dem gemeinsamen Namen „Neue Rösterei" eine Heimstatt gefunden; die zugehörige, im Hof gelegene Gastronomie „Remise"

hat zusätzlich für Belebung gesorgt. Die klotzige Straßenfront verleugnet den Industrie-Charakter keineswegs und erinnert an die Ziegel-Architektur im Berliner Fabrikbau der wilhelminischen Zeit (Sanierung 1996/97, Architekt: Thomas Schröder).

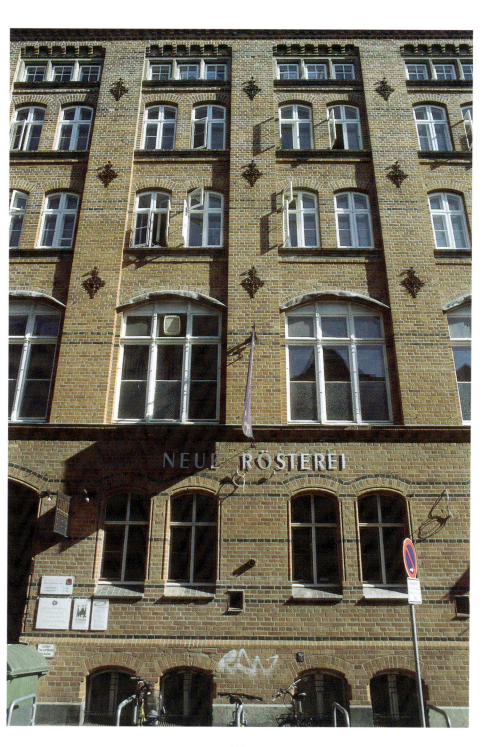

85 Wahmstraße 54 und 56

Die Hausgruppe Wahmstraße 54/56 ist 1985/86 vergleichsweise vorbildlich saniert worden. Die eindrucksvollen, um 1600 über älteren Brandmauern errichteten Brauerhäuser werden wie früher zu einem großen Teil gewerblich genutzt: die hohe

Braudiele von Nr. 56 dient beispielsweise einem Verlag als Ausstellungsraum (s. rechts). Erstmals wurde versucht, den Speicher-Charakter durch Erhalt der hölzernen Speicherklappen beizubehalten. Dass dann doch fast alle Klappen neu angefertigt wurden, ist weniger schön – immerhin ist aber der frühindustrielle Charakter so gewahrt. An der Hofseite macht sich etwas störend bemerkbar, dass die aus der Erbauungszeit stammenden gewaltigen Dachstühle angehoben worden sind (s. Bild linke Seite unten).

Das Haus Wahmstraße 56 besitzt noch seinen schönen Renaissance-Wohnflügel mit originalen, beschnitzten Fensterstöcken der Erbauungszeit (s. linke Seite, beide Bilder rechts). Den Flügel kann man vom „Durchgang" Wahmstraße 46 aus sehen.

Die Maßnahme Wahmstraße 54/56 ist eines der wenigen vorzeigbaren Beispiele dafür, dass Lübecker Geschäftsleute sich in der denkmalbewussten Sanierung engagieren. (Architekt: Thomas Tillmann).

86 Durchgang Wahmstraße 46

Einer der wenigen Lübecker Gänge, der einen Block durchquert – der Durchgang führt von der Wahmstraße in die Ägidienstraße. Das einzige mit der alten Substanz erhaltene und behutsam sanierte Haus in diesem Gang ist Nr. 23, ein steiles Fachwerk-Giebelhaus von etwa 1600. – Der

Ansonsten ist fast alles im Durchgang Nostalgie-Neubau aus den 1980er Jahren. Die baurechtliche Existenz dieser „Wiederherstellungen" ist immer noch rätselhaft. Nicht nur der Neubau Nr. 22 gibt sich als „historisch" aus. Auch die Reihe 8-11 möchte als Kopie der nach langjährigem Leerstand

überlieferte historische Zustand (Bild rechts) macht deutlich, dass sich bei einer Sanierung auch veränderte Schönheits-Vorstellungen auswirken: das Haus hat mit Sicherheit nie so ausgesehen wie heute.

und Verfall abgebrochenen Vorgänger verstanden werden. Doch an diesen geschichtsklitternden Neubauten stimmen weder Maße noch Proportionen. Diese Hauszeile steht aus völlig unerfindlichen Gründen sogar unter Denkmalschutz. – Hier hätte man versuchen müssen, das Thema „Gang" einmal mit den architektonischen Mitteln von heute anzugehen.

87 Aegidienhof

Seit 1997 entledigt sich die Hansestadt Lübeck aus wenig überzeugenden Gründen ihrer Innenstadt-Dienstsitze. Die Anwesenheit der Ämter in einem technischen Rathaus, dem früheren Hochhaus der Landesversicherungsanstalt an der Kronsforder Allee, soll eine effizientere und schlankere Verwaltung hervorbringen.

Auch das Sozialamt kehrt der Altstadt 1998 den Rücken. Nicht ganz ohne Wehmut: schließlich verkörpern die freigewordenen alten Gebäude hinter der Aegidienkirche 700 Jahre Sozialgeschichte. Seit dem hohen Mittelalter wurden hier alte und kranke Menschen gepflegt, versorgte man Bedürftige.

1999 übernimmt eine Eigentümergemeinschaft die Baulichkeiten, um hier Wohnungen und Gewerberäume für den eigenen Bedarf zu schaffen. Es entsteht wenig neue Architektur; das meiste wird durch Modernisierung geleistet. – Eine anspruchsvolle Sanierungsmaßnahme ist das „Waisenhaus", das Längsgebäude an der Weberstraße von etwa 1600. Auch die spätgotischen Vorderhäuser „Aegidienkonvent" und „Michaeliskonvent" (Aegidienstraße 1-5), um 1600 über mittelalterlichen Strukturen erbaut, sind hochkarätige Bausubstanz, die den Planern Fingerspitzengefühl und Sorgfalt abverlangt (s. Bild rechts. Architekten: Sigrid Morawe-Krüger und Büro Steffens/Meyer/Franck).

Das „Projekt Aegidienhof" ist schon deshalb begrüßenswert, weil es die Kleinteiligkeit der überkommenen Struktur erhält und dank der gemischten Nutzung zur Mannigfaltigkeit der Altstadt beiträgt.

88 St.-Annen-Straße 7 und 9

Das Doppelhaus St.-Annen-Straße 7/9 stammt aus dem 14. Jahrhundert (dendrochronologische Datierung des Dachstuhls: 1328). Nr. 7, links, um 1976 saniert, folgt noch dem Wunsch nach „Freilegung" des gotischen Backsteinmauerwerks (im Bild links). Das Spitzbogenportal war unter jüngerer Überformung zu großen Teilen erhalten; die neuen Fenster sind freie Nach-Empfindungen. – 32 Jahre später haben sich die Auffassungen gewandelt: Nr. 9 durfte seine dünne biedermeierliche Mörtelschlemme behalten und die nachgewiesene helle Farbigkeit des mittleren 19. Jahrhunderts wurde wiederhergestellt. Natürlich blieben auch die zugehörigen originalen Fenster von 1830/40 bewahrt. Die Gotik ist gleichwohl

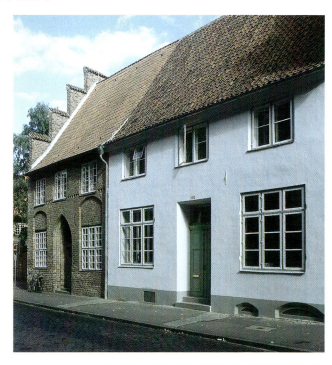

vorhanden: das perfekte Mauerwerk mit roter Schlemme liegt geschützt unter dem Putz. – Innen ist die schöne Diele des 18. Jahrhunderts mit Treppenanlage, Küche und zwei Dornsen vorbildlich wiederhergestellt worden. Überaus stimmig in seiner erneuerten Farbigkeit aus pigmentierten Kalk-Anstrichen auch die Hofseite des Hauses (s. rechts).

89 „Hotelfachschule" St.-Annen-Straße 4

Ein typologischer Sonderfall ist das Palais-ähnliche Haus St.-Annen-Straße 4, das nicht dem Lübecker Dielenhaus-Schema entspricht, sondern eher den breitgelagerten, mit einem Mittelrisalit geschmückten Gutshöfen im Lande. Es ist im Kern ein traufständiges Renaissance-Haus. Der riesige Dachstuhl von etwa 1580 ist unversehrt. Es gibt auch einen älteren Gewölbekeller.

1998 hat man dieses empfindliche Gebäude zur „Hotelfachschule" umgerüstet (Planung: Hochbauamt), eine fachlich nicht in jeder Hinsicht überzeugende Entscheidung. Von den erhaltenen historischen Räumen ist der um 1700 entstandene stuckierte Saal im Erdgeschoss bedeutend (s. Bild unten). In den Eckkartuschen der Decke die „vier Erdteile" (Australien war seinerzeit noch nicht zum Erdteil erklärt worden). Von der verlorenen farbigen Fassung sind ocker und blau noch nachweisbar gewesen. – Mehr ein prachtvolles Kuriosum das obere Flügelzimmer: die kräftig bewegte Stuckmarmor-Imitation entstand um 1790 und wurde ebenfalls 1998 restauriert (Werkstatt Saß).

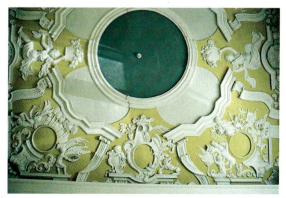

90 Kunsthalle St. Annen

Mit einer Spende von 10 Millionen Mark initiierte die Possehlstiftung 1997 eine Erweiterung des St. Annen-Museums, das seit 1915 in den Räumen des spätgotischen Nonnenklosters St. Annen residiert. Die Stiftung bestimmte auch die Lage dieses Neubaus: Die 1843 abgebrannte Annenkirche sollte entsprechend den Vorstellungen des Museumsleiters Dr. Gerhard Gerkens († 1999) mit einem zweistöckigen Annex für aktuelle Gegenwartskunst überbaut werden.

Diese Vorgaben wurden auch dem 1998 ausgelobten Architektenwettbewerb zugrundegelegt. Der Entwurf des Lübecker Architekten Ingo Siegmund erhielt den ersten Preis. Die „baumeisterliche

Haltung" (so die Jury) seines Planes ändert nichts an der Tatsache, dass die Bau-Idee der Klosterkirche nur noch sehr eingeschränkt nachvollziehbar sein wird.

Die Annenkirche war eine hohe dreischiffige Halle; Mauerwerk und Pfeiler wurden 1875 bis auf eine Höhe von vier bis sechs Metern „heruntergezont". Eine kleine Vorstellung von der verlorenen Qualität der spätgotischen Architektur vermitteln die erhaltenen „Einsatz-Kapellen" der Nordwand. Die für eine exakte Planung erforderlichen Voruntersuchungen am Bestand der Ruine und am Untergrund wurden durch eine zusätzliche Geld-Gabe der Possehlstiftung 1999 nachgeholt. Baubeginn ist Herbst 2000.

Eine wesentliche Absicht des Neubau-Projekts ist natürlich auch, das St. Annen-Museum „attraktiver" zu machen. Das Kloster liegt nun einmal nicht an den Haupt-Trampelpfaden des Tourismus. Daher bleibt den meisten Lübeck-Besuchern leider verborgen, dass sich in den gewölbten Räumen der Klausur eine der bedeutendsten Sammlungen mittelalterlicher Kunst befindet. Auch den Lübeckern ist das Museum etwas „entlegen". Mit der Modernen Sammlung (von der Teile bislang im Dräger- und im Behnhaus zu sehen waren), mit dem Museums-Café und dem Museums-„shop" wird das St. Annen-Museum, so die Planung, mehr Besucher anziehen.

91 Wohnen am und im Stadtmauerturm

Erst als die Stadtmauer in nachmittelalterlicher Zeit ihren fortifikatorischen Wert verloren hatte, wurde es in Einzelfällen gestattet, Häuser an die Innenseite zu setzen. Besonders während der Übervölkerung der Stadt im 17./18. Jahrhundert übte sich die Obrigkeit wohl in Kulanz. – Außer drei Einheiten am Burgtor (Kaiserstraße) und dem Haus Wakenitzmauer 206 hat sich nur die Drei-Häuser-Gruppe An der Mauer 47-51 erhalten. Da es sich hier um recht solide Fachwerkbauten handelt, erschien es wohl angeraten, beim Abbruch der Stadtmauer im 19. Jahrhundert das zugehörige Mauer-Teilstück stehenzulassen.

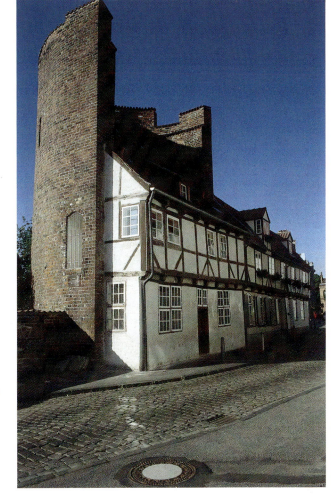

Die Häuser 47 und 49 sind bereits in den 1980er Jahren angemessen saniert worden. Eine außergewöhnliche Sanierungsaufgabe stellt das Haus Nr. 49 dar, weil es in einen in voller Höhe erhaltenen Halbturm von etwa 1210/20 eingebaut ist. Im Inneren ist die Wehrarchitektur in schöner Anschaulichkeit erhalten: die beiden rundbogigen seitlichen Ausgänge auf den ehemaligen Wehrgang der Stadtmauer, die sich nach oben zwecks Schaffung von Balkenauflagern verjüngende Mauerstärke, die regelmäßigen Schuss-Öffnungen auf jeder Etage (Planung: Peter Kröger).

92 Das BfG-Haus: Denkmal eines überholten Fortschritts

Die Mühlenstraße ist der südöstliche Ausläufer von Lübecks Einkaufsbereich. In den 1960er Jahren sollte der Block zwischen Kapitelstraße und Klingenberg durch drei mit Ladenzeilen verbundene Hochhäuser ersetzt werden. Realisiert wurde nur das Bürohaus der „Bank für Gemeinwirtschaft" am Klingenberg in müden Formen eines längst abgedroschenen „Internationalen Stils". Vom anschließenden, zur Gänze mit seiner Rokoko-Ausstattung erhaltenen Haus Mühlenstraße 8 konnte ein „Kaufmann zu Lübeck" 1976 nur die Straßenfassade erhalten – sein Beitrag zu „Rettet Lübeck". Die schwarzgestrichene Seitenwand seines Neubaus (s. unteres Bild)

verschwand erst 1998 durch einen Seitentrakt des BfG-Hauses aus dem Blickfeld. Dieser Glas-Riegel besitzt auch die schöne Eigenschaft, den siebengeschossigen Büroturm besser in die alte Bauflucht der Mühlenstraße einzubinden – unbestreitbar ein kleines Stück Stadtreparatur.

93 Mühlenstraße 26

Nr. 26 („Papierhaus Groth") ist besonders deshalb bemerkenswert, weil die historische Diele wieder Verkaufsraum geworden ist (s. Bild unten). Die alte Balkendecke mit einem beschnitzten Hausbaum und Resten der Renaissance-Bemalung bestimmt das Ambiente in der Halle. Auch die schlichte barocke Straßenfassade mit ihrer biedermeierlichen Durchfensterung und wiederhergestellten Ladenzone ist vorbildlich unterhalten (Arch. Thomas Tillmann).

Jüngere positive Instandsetzungsmaßnahmen sind die Häuser Nr. 7 und 9 (Nr. 9 war bis 1955 intakte Schmiede). Überzeugend durch feine Ladengestaltung und Einbeziehung alter Baustrukturen auch Haus Nr. 14, das zum „Laden 15" gehört (Königstraße 30, siehe Punkt 58).

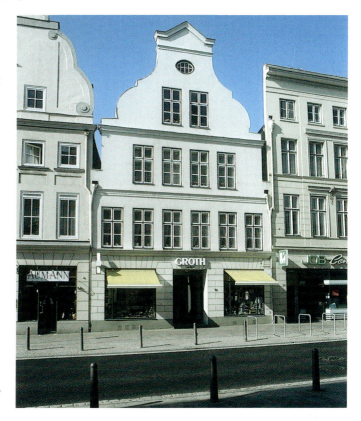

Im mittleren und unteren Teil der Mühlenstraße ist der „Abgang" historischer Bausubstanz erschreckend: Der gravierendste Einbruch ist sicherlich das C & A-Kaufhaus von 1968, für das 8 im Kern mittelalterliche Bürgerhäuser verschwinden mußten. Dem Komplex kann man nur zugute halten, sich in der Höhenentwicklung und in der Fluchtlinie nach der alten Bebauung zu richten. Ein typischer 1970er-Jahre-Skandal ist Nr. 71. Die Parzelle wurde samt historischem Flügel und Querhaus völlig abgeräumt. Erhalten ist nur die mit Fantasie-Sprossenfenstern aufgemotzte Renaissance-Fassade. „Schuh-Stinshoff" (Nr. 62) und „Bastler-shop" (Nr. 56) sind Beispiele für zerstörende Laden-Umbauten.

Ein Hoffnungsschimmer ist die winzige Fassade Nr. 68 mit neuem Ladenfenster und neuen Geländern der Außentreppe. Innen wurden mittelalterliche Wandgliederungen freigelegt. Einige Malereifragmente konnten als Dokumente einer mehrhundertjährigen Hausgeschichte sichtbar belassen werden (Haufe Architekten, 1999).

Im Aufwind von Kultur und Zuspruch: zwischen Dom und St. Petri

95 Dom-Wiederaufbau

Wie die Marien- und die Petrikirche ist auch der
Dom ein Denkmal der Rettungs- und Wiederaufbau-
geschichte nach den Zerstörungen des 2. Weltkrie-
ges. Besonders verdienstvoll ist die Wiederherstellung des eigentlich schon aufgegebenen gotischen
Umgangschores, der bis 1962 ohne Dächer und
Gewölbe dastand und dank wildem Baumwuchs
zunehmend einer „Öko-Nische" glich. Die 1967
eingezogene Glaswand hinter dem Ostabschluß des
bereits wieder in Nutzung genommenen romanischen Kernbaus prägt bis heute das Bild des Dom-
Inneren. Das kräftige Diagonalraster dieser Wand
fügt dem fast musealen Interieur mit seiner
geretteten reichen Ausstattung eine unverzichtbare
Zeitspur der jüngeren Gegenwart hinzu (Entwurf:
Grundmann & Sandtmann, Hamburg). Auch das
1963 von Lothar Quinte entworfene Westfenster ist
eine große Bereicherung.
1976 begann auch der Wiederaufbau des 1946 von
der herabstürzenden Nord-Querschiffwand zerstörten „Paradieses". Diese prachtvolle Vorhalle war
gegen 1250 in Formen der rheinischen Spätromanik
entstanden. Ihr Äußeres war bereits bei der Restau-

rierung 1889 erheblich verfälscht worden. Der Neu-Aufbau (s. rechts) hat leider nicht alle Fehler vermeiden können, z.B. die erfundenen Seitengiebel, der Mittelpfeiler im Portal u.a.

Ein weiterer Neubau wurde 1976 an der Südseite des gotischen Chores fertiggestellt: Über 6-eckigem Grundriß erhebt sich an der Stelle der 1942 zerstörten Rochuskapelle die „Südervorhalle", ein kupfer- und glasverkleideter Skelettbau in gemäßigt modernen Formen (Entwurf: Friedrich Zimmermann, Kirchenbauamt). Die Vorhalle ist eine Folge der Entscheidung, das Gotteshaus wieder zur Domkirche des Bistums „Nordelbien" zu machen. – Die verbreitete abschätzige Bezeichnung „Prälatenkäfig" für die Südervorhalle wird der stillen Qualität dieses Gebäudes nicht gerecht (s. Bild rechts unten).

96 Die Dom-Immunität und das Simeonsstift

Die weitläufige, locker bebaute Umgebung des Domes ist die ehemalige Dom-Immunität. Ein unübersehbares erstes weltliches Zeichen setzte die Stadt Lübeck nach der Reformation mit dem Bau des Zeughauses unter den Türmen. Nach Auszug der Polizeizentrale wurde der langgestreckte Renaissancebau 1983/84 saniert. Im nördlichen Teil der einst sehr eindrucksvollen „Geschützhalle" des Erdgeschosses werden heute Wechselausstellungen der Völkerkunde-Sammlung gezeigt. Die anderen heute im Umkreis stehenden Großbauten sind Nachfolger mittelalterlicher Domherren-Höfe, den Kurien: Besonders hervorzuheben das vorzügliche „Gesellenhaus" an der Parade (1907 von Carl Mühlenpfordt), ein Hauptwerk der fortschrittlichen „Heimatschutz"-Bewegung. 1975 wurde daneben das „Simeonsstift" gebaut, ein Altersheim, das seine statische Struktur aus horizontal betonenden Betonbalken konsequent vorzeigt. Als Fortsetzung des Mühlenpfordt-Baus drängt der Betonraster sich zwar ziemlich auf – aber er wird durch Fassung der hohen Linden ins ruhige Ensemble eingebunden. Die Hofseite beweist, wie bewußt die Straßenfront gestaltet ist.

97 Dom-Gemeindezentrum

Das Gemeindezentrum der Domgemeinde zu Füßen der kolossalen Domtürme war ein ambitionierter, aus klaren stereometrischen Grundformen komponierter Ziegelbau: Würfel, Quader, Prismen, Zylinder und damit ein wichtiges Dokument einer formbewussten Entwurfshaltung in den Nachkriegsjahrzehnten (Architekt: Kuno Dannien, 1962, im Büro Horenburg/Dannien).

Diese qualitätvolle Anlage stand leider (noch) nicht unter Denkmalschutz, denn sonst wäre diesem Bau 1994 die Entstellung durch Wärmeschutzverkleidung und Kunststoff-Fenster-Bestückung erspart geblieben. Die Kirche hätte dieses Problem sicherlich auch anders lösen können.

98 Die Effengrube

Die Effengrube kann sich rühmen, die erste vollständig durchsanierte Straße der Lübecker Altstadt zu sein. Kunststück: nur 10 Häuser an der Nordseite hatten die Kriegszerstörungen überlebt. Es sind fast durchgängig Reihenhäuser des 16. Jahrhunderts (s. Bild unten). Typisch die in Hausmitte auf den Fassaden sitzenden schmalen „Zwerchhäuser", die hier durchweg in Fachwerk errichtet sind. In dieser Reihe als Sanierungsleistung besonders beachtlich Nr. 18 und Nr. 12 (vergl. dazu die Rückseite im Grützmacher Hof, Rundgang-Nr. 100).

Das gotische Haus Effengrube 2 (rechts) war als erste einsame Privat-Sanierung eine Art Initial-Zündung für die nachfolgenden Sanierer der 70er Jahre. Ein Architekt sanierte und bewohnte ein Altstadthaus! Diese Entscheidung „Zurück in die Altstadt" hat vielfach Nachahmung gefunden. – Der auffällige Schmuck über dem Eingangsportal sind übrigens drei Renaissance-Terrakotten, die vom Grundstück Große Petersgrube 25 stammen.

Das Eckhaus zur Obertrave ist, obwohl „echt alt" aussehend, ein Neubau. Etwas mehr Zeitspuren der 1980er Jahre hätte man wohl wünschen dürfen.

99 Die Sanierung begann an der Obertrave

Die Häuserzeile entlang der Obertrave gehört heute zu den bevorzugten Wohnlagen in der Altstadt. Sie setzt sich wieder aus mehreren Reihenhaus-Einheiten zusammen, deren Bausubstanz aus dem 16. Jahrhundert stammt. Dieses idyllische Flussufer war einst Lübecks geschäftiger Binnenhafen. Wo die Stecknitzfahrer zuhause waren, ist infolge der durchweg privaten Sanierungsmaßnahmen eine starke soziale Umschichtung eingetreten. Den Häusern hat das nicht geschadet – im Gegenteil.

Die „Pioniere" an der Obertrave waren Ellen und Hans Meyer mit Nr. 42, einem hohen traufständigen Renaissance-Haus und Dieter Hemann mit Nr. 49, einem Haus mit einer verputzten Zopfstilfassade von etwa 1790.

Das Abenteuer Sanierung begann gegen 1975/76 und war für die Beteiligten noch ein Spiel mit mancherlei Unbekannten. Die Akteure kamen notgedrungen sehr

schnell aus der Hobby- und Do-it-yourself-Ecke heraus und entwickelten sich zu anerkannten Fachleuten einer denkmalbewußten Sanierung: die „Althaus-Sanierer-Gemeinschaft".

100 Wohngänge an der Obertrave

Hinter der geschlossenen, gegen 1800 fast durchgängig klassizistisch veränderten Traufenhauszeile an der Obertrave verbirgt sich ein Labyrinth von Wohngängen, vergleichbar dem historischen Hafenquartier an der Untertrave. Früher lebten hier Arbeitsleute und Handwerker, die am Binnenhafen Obertrave und den zuarbeitenden Betrieben beschäftigt waren. Das waren z.B. Träger, Packer, Böttchergesellen. Heute zeigen die Gänge, was man alles mit ihnen anstellen kann: neben bemühten Sanierungen stehen verständnislose Modernisierungen; auf modische, nostalgisch-rustikale Anhübschung folgt totaler Neubau. Besonders in Blohms Gang (Obertrave Nr. 50, s. Bild rechts) stoßen die Gegensätze hart aufeinander. Kaum zu glauben, dass die Gänge einst als einheitliche Reihenhauszeilen errichtet worden sind.

Anders Rehhagens Gang (Nr. 37, s. Bild rechts unten), eine Anlage mit durchlaufendem barockem Mansarddach. Hier konnten einige originale Dielen- und Dornsenfenster des 18. und 19. Jahrhunderts bewahrt werden. Auch Stüwes Gang (Nr. 46, rechte Seite, Bild oben rechts) zeigt ein bemühtes Bild: da stehen zierliche, um 1900 z.T. aufgestockte Rokoko-Fassaden einem Renaissance-Fachwerkbau gegenüber, fast alles in gutem Zustand.

Der hinter Stüwes Gang und Krusen Hof anschließende Rademacher Gang ist ein fast 100%iger Neubau von 1984 in verfälschter „historischer" Form, vergleichbar dem Durchgang Wahmstraße 46 (s. Rundgang-Nr. 86). Die starken Bauschäden der zwischen 1660 und 1668 errichteten Zeile machten einen Neubau wohl unumgänglich. Doch für einen Versuch mit zeitgemäßer Architektur fehlte dem Bauherrn, dem Architekten und dem Denkmalpfleger wohl der Mut (s. Bild rechte Seite unten).

Sanierung nimmt uns gelegentlich auch liebgewonnene „romantische" Bilder weg: die zweifellos notwendige Reparatur des verformten Dachstuhls von Effengrube 12 (s. Bild oben) läßt den Grützmacher Hof seither eine Spur weniger „dramatisch" aussehen ...

Eine sehr aufwendige Maßnahme war die Sanierung der „Rossmühle", Nr. 43 (1998, Architekt: Johannes Frenzel). Starke Schäden am Fachwerk, die statische Probleme zur Folge hatten, mussten behoben werden. Dieser Gewerbebau wurde Mitte des 18. Jahrhunderts vom damaligen Stadtbaumeister J. A. Soherr errichtet. Im Erdgeschoss war anfangs vermutlich ein Göpelwerk eingebaut, also eine mit Pferdekraft betriebene Mühle. Das Haus enthält heute zwei Wohnungen.

An der Obertrave Nr. 39 veranschaulicht auf andere Weise gestiegene denkmalpflegerische Anforderungen. Es zeigt sich in 1990 wiederhergestellter Farbfassung „nach Befund". Außerdem wurde die wohl schönste Diele des Rokoko erhalten und sorgfältig restauriert. Moderne Zutaten des Architekten (Büro Mai/Zill/Kuhsen) sind die gläsernen Gauben auf der Rückseite des Daches, von Donaths Gang aus zu sehen.

102 Hartengrube 20

Das Vorderhaus zu Schwans Hof Hartengrube 20 ist in Lübeck einzigartig. Die sehr qualitätvolle, 1551 datierte Fachwerk-Schnitzerei zeigt Renaissance-„Grotesken", ein Zierwerk, das rankende Pflanzen mit Tier- und Menschenleibern kombiniert. Der Stil lässt vermuten, dass Schnitzer aus der Harz-Gegend (Goslar, Osterwieck) hier tätig waren.

Mit hohem restauratorischem Aufwand wurde der durch Putz und Verkleidung sehr schadhaft gewordene Oberstock 1984 repariert und ergänzt. Die so gerettete Fachwerk-Fassade darf statisch nicht mehr belastet werden, sie ist daher einem tragenden Stahlrahmen vorgehängt. Die farbige Fassung folgt einer denkbaren Variante, die Fenster sind vorsichtig „neu".

Im Heynats Gang (Hartengrube 44) werden wieder gegensätzliche Sanierungskonzepte deutlich. Die Auskernung des völlig verbauten Blockbinnenhofs zwischen Harten- und Dankwartsgrube wurde 1936/37 vorgenommen. Dies entspricht der seit den späten 1920er Jahren geläufigen „Licht-, Luft- und Sonne"-Ideologie. Als „Ersatz" für das weggerissene Ganghaus-Elend wurden „gesunde Volkswohnungen" an der Dankwartsgrube gebaut – der Planer im „Dienst an der Volksgesundheit". Wer in diese „gesunden" Wohnungen wohl einziehen durfte?

Die nach 1986 durchgeführte Sanierung des Doppel-Ganghauses 1-2 (s. Bild rechts) mit seinem Fachwerk-Oberstock aus dem frühen 16. Jahrhundert (Unterstock neu) folgt aktuelleren Leitbildern; ebenso die in jüngster Zeit (1996) sanierten Häuser 10 und 11 gegenüber (s. beide Bilder oben). Man sieht: Bestandserhaltung ist möglich; ein leergeräumter Blockbinnenhof, in dem die Mülleimer und Teppichstangen der Volksgenossen in Reih und Glied stehen, ist keine anzustrebende Lösung mehr.

104 Zwischen Hartengrube und Dankwartsgrube

An der Obertrave Nr. 30/31 ist eine Art „steinernes Fachwerkhaus": der vorkragende Oberstock ruht hier auf Kalkstein-Konsolen. Diese Steinblöcke waren teilweise durchgebrochen und deshalb schon seit altersher mit Pfeilern untermauert. Im Rahmen der durchgreifenden Sanierung 1986 wurden die Konsolen mit einer aufwendigen Stahlkonstruktion gesichert und die Mauer-Stützen entfernt. – Das Haus ist gegen 1600 erbaut worden. Die ausgemalten Dornsen (Vorderstuben) liegen einige Stufen höher als die Diele, was beim häufigen Trave-Hochwasser durchaus seine Vorteile hatte (und hat).

Einen schönen Anblick bietet auch die Fassade Nr. 25. Der im frühen 19. Jahrhundert umgeformte Renaissance-Giebel trägt wieder seine biedermeierliche Gelb-Fassung. Das benachbarte, 1991/92 sanierte Fachwerk-Doppelhaus 23/24 zeigt restaurierte Reste gemalter Renaissance-Ornamente an den Balkenköpfen über dem Dielenbereich.

105 Gewerbebau in der unteren Dankwartsgrube

In der unteren Dankwartsgrube wird die frühere Gewerbe-Dimension wieder deutlich: Die blendengezierten spätmittelalterlichen Eckhäuser Nr. 72/74 (s. Bild rechts) sind Salzlager und Getreidespeicher gewesen und wurden nach verheerendem Brand 1985 zu Wohn- und Geschäftshäusern durchbaut. Etwas störend geriet dabei die Gauben-Reihe auf der langen Traufseite zur Trave.

Die Häuser Nr. 50 und 54 sind denkmalbewusste Privat-Sanierungen. Hinter den klassizistischen Putzfassaden steckt natürlich wieder ältere Hausgeschichte: In Nr. 50 z.B. wurden 1988 umfangreiche Reste einer Seifensiederei aufgedeckt und z.T. sichtbar belassen. In Nr. 54 ist eine schöne Diele erhalten.

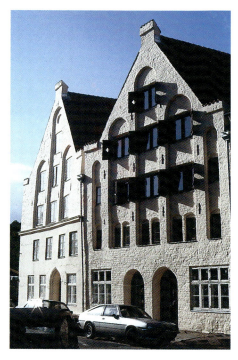

Zwei Einheiten des benachbarten Reihenhauses Dankwartsgrube Nr. 64-68 sind 1990/92 saniert worden. Angemerkt sei der vorbildliche, behutsame Umgang mit den Fassaden (siehe auch die rot gefasste Rückseite, Zugang durch den Torweg, Nr.70). Das zur Reihe gehörige dritte Haus Nr. 64 wartet noch auf seine Sanierung.

106 Sanierung in der oberen Dankwartsgrube

Das gotische Haus Nr. 30 ist ein frühes Beispiel für denkmalbewusste Privatsanierung (1980), eine wenig jüngere Maßnahme das gelbe Rokokohaus Nr. 3. Die Sanierung des Hauses Nr. 26 mit dem blenden-gezierten Giebel („nachgotisch") konnte 1999 abgeschlossen werden. Auf der Diele wurden erstmals neue Einbauten aus Stahl gewagt (Galerie, Treppe, s. Bild unten). Statt verniedlichender Sprossenfen-

ster in den Speicherluken wurden Ganzglasfelder eingesetzt, die an die vormaligen ungeteilten Holzklappen erinnern und den gewerblichen Charakter der früheren „Speicherböden" unterstreichen sollen (Architekt: Thomas Schröder).

Eine vom Befund ausgehende Sanierung auch Nr.11 (1998). – Gerettet und saniert wurde ebenfalls eine Industriehalle mit einem interessanten Lichthof aus den 20er Jahren (Nr. 36/38),

107 Geschäftshaus Pferdemarkt 6-8

Eine der wenigen Unternehmungen der frühen 1970er Jahre in Lübeck, die architektonische Qualitäten zeigen und soetwas wie ein Profil für die hier anzusiedelnden Firmen und Läden anzubieten versuchte – corporate identity der frühen Jahre. Zur maßvollen Höhenentwicklung gesellt sich eine nicht sehr streng-regelmäßige Anordnung der Fensterbänder; besonders wichtig das in dieser Straße nicht seltene Motiv des über mehrere Etagen laufenden Erkers. Die Farbigkeit war

sehr überlegt: zum gelben Maschinenziegel der Mauerflächen standen die rotgestrichenen Fensterrahmen und -flügel in lebhaftem, freundlichem Kontrast. – Dieser frische, zeittypische Entwurf (Architekten: Ina und Dieter Hassenstein mit Waldenmaier und Zell) ist bereits 1981 durch eine verständnislose Modernisierung zunichte gemacht worden: Neue Fensterrahmen und Teilungen aus viel zu breiten weißen Kunststoffprofilen und eine weitgehende „Verblechung" haben den Bau sehr nachteilig verändert.

108 Marlesgrube 55-59

Bis 1977 stand an dieser Stelle ein zweigeschossiges, Palais-ähnliches Traufenhaus (s. Bild unten). Die klassizistische Putzfassade fasste drei mittelalterliche Parzellen zusammen. Der Abbruch förderte eindrucksvolle Architekturdetails zutage, die aber damals noch keinen Planungsstopp bewirken konnten. Eine prächtige, beschnitzte barocke Haus-Säule (Unterzug-Stütze) wurde immerhin geborgen und bei der Sanierung des Hauses Kleine Petersgrube 11 wiederverwendet.

Die neuen Giebel an der Straße sind typische Beispiele für den in den 70er Jahren beliebten „internationalen Altstadt-Stil": An der Rückseite macht der Bau allerdings ernst: Die großgerasterte Rendite-Architektur mit ihren viereinhalb Beton-Balkongeschossen wirkt über dem niedrigen Leganen Gang fast bedrohlich (Düstere Querstraße 3).

Die Giebelreihe Depenau 29-37 ist der kostbare Rest der 1942 verbrannten Südseite der Straße. Hervorzuheben Nr. 33: unter dem gotischen Blendengiebel mit den wiederhergestellten Doppelluken das 1985 nach Befund rekonstruierte Dielengeschoss aus dem 16. Jahrhundert. Daneben die Renaissance-Fassade Nr. 31 mit einem reichen Bestand von Terrakotten aus der Statius-von-Düren-Werkstatt (von Düren schuf zwischen 1550 und 1570 in Lübeck moderne Renaissance-Baukeramik im italienisch-französischen Geschmack. Die großen und bedeutenden Fassaden mit von-Düren-Keramik, Braunstraße 4 oder Kohlmarkt 13, sind verloren). Auf Freilegung und Wiedereinrichtung des fast ganz erhaltenen, Taustab-geschmückten Mittel-Portals wurde bei der Sanierung 1996 verzichtet, weil der

Umbau-Zustand des 19. Jahrhunderts bewahrt bleiben sollte. In beiden Häusern sind umfangreiche Reste alter Ausstattung, z.B. bemalte Decken, erhalten und konserviert, zu Teilen auch freigelegt worden.

Die Nordseite der Depenau mit ihrer durchgängig traufständigen Speicher-Bebauung ist fast in ganzer Länge „Zubehör" der großen Kaufmannshäuser der benachbarten Große Petersgrube gewesen. Der Einbau der Musikhochschule (vergl. Rundgang-Nr. 110) hat hier für erhebliche Veränderungen gesorgt. Noch 1976 bot der Blick aus einem Haus an der Marlesgrube authentisches altes „Rückseiten"-Lübeck von höchstem Anschauungswert (s. Bild unten).

110 Musikhochschule

Die Musikhochschule des Landes Schleswig-Holstein nimmt fast den ganzen Block zwischen Depenau und Große Petersgrube ein. Von 1977 bis 1994 wurde unablässig geplant und gebaut. Zu den ersten Realisierungs-Abschnitten gehören die beiden breitgelagerten Speicher Depenau 14-18: Nur die spätbarocken Fassadenwände wurden erhalten: sie verkleiden jetzt viele kleine schallgedämmte Übungsbunker. Der Eckkomplex zur Obertrave, der Große Konzertsaal mit seinem Foyer (s. Bild rechts), gehört jedoch zum Besten, was Lübeck an neuer Architektur vorzuweisen hat (Entwurf: Peter Rix, damals Landes-bauamt), etwas expressiv gedacht bei Fensterlösungen und Dachaufbau, souverän in der Verwendung von Materialien und Farben. Sehr gestaltreich und voller Einfälle auch das in farbig gefasstem Sichtbeton geschaffene Foyer mit seinen Treppenhäusern. – Für diesen

Bau mussten allerdings das bedeutende Bürgerhaus Obertrave 16 sowie die im Kern noch gotische Reihenhauszeile Depenau 20-28 verschwinden. Die Nordseite der Depenau wird jetzt ganz von Großbauten geprägt (s. Rundgang-Nr. 109).

Die Sanierung und die mehr oder weniger geschick-te Umnutzung der großen ehemaligen Kaufmanns-häuser Große Petersgrube 21 und 23 wird man trotz mancher Missgeschicke und Verluste doch als bedeutende denkmalpflegerische Leistung anzusehen haben. Besonders eindrucksvoll die spätbarocken Großdielen mit umlaufenden Galerien, der Rokoko-Saal in der Belétage von Nr. 23, die ausgemalte klassizistische „Napoléon-Diele" des Kaufmanns Daniel Jacobi in Nr. 17 und der Zopfstilsaal (Ausschnitt s. Bild rechts) in der südlichen Travée des Hauses Nr. 29. Die anderen in diesem Bau noch in reichem Maße erhaltenen Ausstattungen mussten dem Kammermusiksaal weichen. Dieses Desaster konnte die Lübecker Denkmalpflege damals nicht verhindern.

Die fürs Funktionieren der Schule notwendige Quer-Erschließung der Häuser durch die historischen Brandwände ist sicherlich eine „Erz-Sünde" wider die Grundregeln der Altstadt-Sanierung. Auch die Nachbarn 17/19, 25/27 und das Eckhaus Nr. 29 sind in diesen „Quer-Korridor" eingebunden. Ursache ist aber ein städtebaulicher Fehler, dem eine politische Entscheidung zugrunde liegt: eine parzellenübergreifende Großnutzung in der feinkörnigen Altstadt.

111 Neubau Große Petersgrube 8a

Vier Faktoren machen aus der Großen Petersgrube den „spannendsten" urbanen Raum Lübecks: erstens die Steigung, zweitens die unübliche Biegung der Straße, drittens der alles überragende Petri-Turm und viertens die lebendige Abfolge der Fassaden. Der abwechslungsreichen Südseite steht die aus ebenso unterschiedlichen Haus-„Individuen" bestehende Nordseite gegenüber. Für Neu-Zugänge, also Ersatz-Architektur, ist dies ein schwieriger, anspruchsvoller Ort. Der 1986 fertiggestellte Neubau Nr. 8a (Entwurf: Helmut Riemann) versucht darauf eine Antwort zu geben: Er zitiert mit seinem hohen, verglasten Erdgeschoß das Motiv der großen historischen Dielenfenster und wagt sogar einen echten Schaugiebel. Die luftigen Erker sind kritisiert worden. Sie erscheinen hier aber sinnvoll, weil sie den „Angelpunkt" der Straßenbiegung markieren.

112 Obere Große Petersgrube

Der gotische Giebel Nr.15 steht schief – weil er zur Hälfte über aufgeschüttetem Boden steht. Das Haus ist außerdem ein Dokument für die zerstörende Sanierungspraxis der 1920er und 30er Jahre: Das Gebäude wurde total entkernt, der Wohnflügel abgebrochen. Die prachtvolle spätgotische Straßenfassade kam glimpflich davon: nur die Doppelluken wurden dem neuen Fußbodenniveau entsprechend „gerichtet".

Auch beim Haus Nr. 4 setzte man noch 1972 (!) auf Total-Entkernung. Alles irgendwie Alte – Dachdeckung, Balkenlagen, Einbauten, Fenster, Türen, sogar die bedeutende klassizistische Haustür – wurde zwecks Einbau der städtischen Betriebskrankenkasse rigoros „entsorgt". Die lächerlichen Stahlkorsette vor den neuen Nostalgie-Fenstern im Dielenbereich zeigen, dass man noch keinerlei Erfahrung mit Altbau-Sanierung besaß. Die Mauerwerks-Oberflächen sind Sandstrahl-geschädigt. Jetzt gehört das Haus zur Musikhochschule.

Die Sanierung der letzten hier noch erhaltenen historischen Häuser, etwa Nr. 7, Nr. 9, das gotische Eckhaus Nr. 11 und Nr. 13 mit seiner holländischen Fassade, hält sich an den in den 1980er Jahren erreichten Standard. Die Bilder zeigen die Fassaden 11, 13 und 15 (oben) sowie die Rückfronten der Häuser samt Dachlandschaft.

Oben auf der Kolk-Mauer hockt der Neubau der Kirchenbauhütte. Er muss erwähnt werden, weil er aus der einmaligen städtebaulichen Situation nichts zu machen weiß. Befremdlich auch, dass einer der schönsten Winkel Lübecks seit 1990 vom Materiallager der Kirchenbauhütte okkupiert wird. Bis 1942 stand hier die 1601 vollendete Leichenhalle. Ihr alter Dachstuhl und der hübsche Renaissance-Dachreiter waren bis dato erhalten.

113 Kolk und Kleine Petersgrube

Die engen und wirklich „malerisch" zu nennenden Straßen Kolk und Kleine Petersgrube unterhalb des Petri-Hügels sind völlig durchsaniert, einige Häuser sogar mit Anspruch. Besonders eindrucksvoll die 3-geschossige Reihenhauszeile an der Nordseite der Kleinen Petersgrube. Über dem in Fachwerk aufgesetzten oberen Stockwerk erheben sich noch 3 übergiebelte Gauben. An der Rückseite (vom St. Jürgen Gang erreichbar, siehe Puppenmuseum) ist einer der letzten runden Haus-Treppentürme Lübecks erhalten.

Die komprimierte Gastro-Meile an der Obertrave in Sichtweite von Holstentor und Salzspeichern erfreut sich eines starken touristischen Zulaufs (s. Bild unten). Auch das „Museum für Puppentheater" samt angeschlossener Marionettenbühne ist stark besucht. Die für diese Zwecke sanierten und umgebauten Häuser waren, weil unterhalb der dunklen Kolk-Mauer liegend, für Wohnzwecke ohnehin schlecht geeignet (Kolk 14-22, Sanierung in Abschnitten von 1976 bis 1996. Planung: Büro Christoph Deecke). Ob und wie die stetig wachsende Sammlung weiter an diesem Ort unterzubringen sein wird, muss die Zukunft zeigen.

114 Petrikirche

Die Wiederherstellung der kriegszerstörten fünfschiffigen Hallenkirche wurde erst 1992 endgültig abgeschlossen. Sie ist das Werk von Kirchenbaudirektor Friedrich Zimmermann († 1994), der sich mit seinem Standpunkt durchsetzen konnte, dass es allein um die Rettung und Wiederherstellung eines großen und bedeutenden Bauwerks gehe: „eine Nutzung findet sich dann allein". So ist es gekommen: der herrliche, lichtdurchflutete Raum dient als „City-Kirche" verschiedensten kulturellen Anliegen. Das Spektrum reicht von Ausstellungen bedeutender zeitgenössischer Kunst bis zu Konzerten und Gesprächsforen.

1997 wurde das in Teilen noch erkennbare romanische Westwerk durch hohe Glaswände von den Kirchenschiffen abgetrennt. Der Zugang zum Turm-Fahrstuhl erfolgt seither über eine hängende stählerne Treppe. Die neuen Einbauten präsentieren sich in entschieden zeitgemäßen Formen (Architekten Dannien & Fendrich).

115 Ein Überblick ...

Von der Aussichts-Plattform des Petrikirchturms, aus etwa 60 Meter Höhe, werden die Veränderungen am feinkörnigen Parzellennetz der Altstadt in aller Schärfe deutlich. Im Norden unterhalb der Marienkirche das in den 1950er Jahren traufständig-vorstädtisch neubebaute „Gründerviertel" (vergl. Rundgang-Nr. 9). Südöstlich der Petrikirche liegen die auf dem Brachen des 2. Weltkriegs errichteten „oberzentrale" Einrichtungen, Gesundheitsamt, Schwimmhalle und zwei Großparkhäuser (s. Bild unten). Insgesamt Dokumente städtischer Bautätigkeit der 1950er und frühen 60er Jahre. Erwähnenswerte Architektur gibt es nicht. Womöglich wäre die Schwimmhalle, stünde sie an einem anderen Ort, etwas günstiger zu beurteilen. Der Bau eines Parkhauses „hinter St. Petri" wurde von Hans Pieper schon 1945 konzipiert (Pieper war bis 1942 Leiter der Baubehörde und wurde für die Wiederaufbau-Planung „abgestellt"). Was als Petri-Parkhaus später gebaut wurde, ist zumindest als Typus interessant. Die Ko-Existenz von 2 historischen Giebelhäusern im Winkel dieses kurvenschnittigen Komplexes ist eines der meistfotografierten Lübeck-Motive geworden. Die „Hochgarage" an der oberen Marlesgrube hingegen stellt eine in jeder Hinsicht üble Erscheinung dar.

Von großer stadtentwicklungspolitischer Brisanz ist der Exodus der Verwaltung nach 1998. Nicht nur das leerstehende Gesundheitsamt stellt eine planerische Herausforderung dar: das gesamte Gebiet befindet sich in städtebaulichem Notstand.

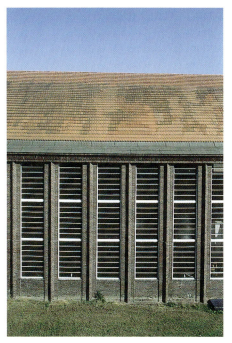

Vom Petriturm schweift der Blick auch auf das Gelände zwischen Holstentor, Dankwartsbrücke und barocker Wall-Anlage: die isoliert auf städtebaulicher Brache stehende klinkerexpressionistische „700-Jahr-Halle" (von Baudirektor Friedrich Wilhelm Virck, 1927) und das neue, architektonisch ambitionierte Parkhaus daneben erinnern an Lübecks Städtebau-Problem Nummer eins. Weil die Altstadt allein das „Oberzentrum" nicht aufnehmen kann, ist die Ausdehnung in Richtung Bahnhof die logische Folge. Nachdem sich 1982 der Horten-Konzern von seinem „Kaufhaus am Hortentor" zurückzog, kam 2000 auch das Aus für ein noch größer gedachtes ECE-Einkaufcenter zwischen Holstentor und Dankwartsbrücke. Zu Recht. Aus städtebaulicher Vernunft. Geblieben ist die Einsicht, dass dieses Gelände dringend konstruktive Planungsschritte braucht, um ein sinnvolles Bindeglied der Achse zwischen Bahnhof und Innenstadt zu werden.

Hinweis: Für den nachfolgenden Straßenteil (Sanierung nach 1972) war am 15. Juli 2000 Redaktionsschluß. Jüngere Maßnahmen sind also nicht berücksichtigt.

Die Straßen der Lübecker Altstadt:
Sanierung nach 1972

Weshalb „nach 1972"?

Am 27. April 1972 beschloss die Lübecker Bürgerschaft die förmliche Festlegung von drei ersten Sanierungsgebieten: „Petersgrube", „Alsheide" und „Glandorps Gang" gemäß Städtebauförderungsgesetz. Damit war der Weg frei für die „Drittelfinanzierung" der sogenannten „unrentierlichen Kosten", die sich Land, Bund und Stadt teilten. Andere Finanzquellen kamen hinzu – um 1975 ein „Konjunkturprogramm Stadtsanierung", ein „Zukunftsinvestitionsprogramm", sogar die „Zonenrandförderung" spielte eine Rolle.

Die Sanierungsleistung der letzten Jahrzehnte stellen wir in Form einer knappen Auflistung vor. Neu daran ist, dass wir die Sanierung der Altstadthäuser einmal aus ungewohnter Perspektive betrachten: Was hat die Sanierung für den Fortbestand des Hauses als Geschichts-Quelle gebracht? Diese Frage soll ausnahmsweise einmal vor die gewohnte und wohlbekannte Herausstellung wohnungswirtschaftlicher, sozialplanerischer und parteipolitischer Erfolgsziffern gesetzt werden – die damit ja in ihren Aussagen nicht entwertet sind.

Unsere Liste ist mit Absicht nicht vollständig, jedoch repräsentativ. Knappe Charakterisierungen der Straßen machen es vielleicht etwas leichter, sich zu den noch vorhandenen alten Häusern das zugehörige, aber verlorene historische Umfeld vorzustellen.

Die aufgenommenen Neubauten werden zugegebenermaßen sehr knapp beurteilt. Wir müssen in Kauf nehmen, dass wir damit Widerspruch hervorrufen.

Die beigefügten Jahreszahlen sollen sich auf die Fertigstellung beziehen – wobei kleine Abweichungen wohl nicht ausgeschlossen sind.

Signaturen:

S umfassende Sanierung.

G Hinweis auf Geschäftsnutzung.

N Neubau. N+: überwiegend positiv, N-: überwiegend negativ. Mit Begründung. Zur Qualität von Neubauten s. auch den Einführungstext.

D durchschnittliche denkmalpflegerische Bilanz, D+ überwiegend positiv, D- eher negativ (mit Begründung).

✳ schönes Straßenbild, intakte Fassaden-Abfolgen.

Aegidienstraße ✳

Ruhige Straße im Südosten der Altstadt, ehemals von Kleingewerbe bestimmt. Kriegsverluste nur im westlichen Abschnitt (Königstraße).
35 S D 1986 – **55/57** S D- (eine der frühesten Sanierungen: Fantasie-Sprossen, Sandstrahl) nach 1970 – **65** S D 1982 – **67** S D 1992 – Aegidienkirchhof **1/2/3** S D, 1978

Alfstraße

Neben der Fischstraße einst die prächtigste der Kaufmannsstraßen zwischen Markt und „Wertgüterhafen" Trave. Bis auf den kleinen Rest Nrn. 30-38 1942 vollständig vernichtet. Im oberen Abschnitt freiliegende Ausgrabungsbefunde der „Stadtkernforschung" nach 1980
32 S G D- (einer der ersten Gehversuche der Sanierung) 1968 – **38** S G D+ 1988

Alsheide

Kurze Verbindung zwischen Engelswisch und Untertrave. Früher Hafen-orientiert. Nordseite fast vollständig neu; Südseite vorwiegend traufständig. Zentrum der ersten Sanierungs-kampagnen nach 1975.
4-14 N- (historis. Haltung) 1980 – **5** S D 1986 – **15** S D 1979 – **17** S D+ 1980 – **19** N+ 1986

An der Mauer

Östlicher Altstadtrand entlang der Stadtmauer, Fortsetzung nördlich des Johanneums (Johan-niskloster) als „Wakenitzmauer". Durchgehend traufständige Kleinhausbebauung, darunter typische Reihenhäuser wie Nr 22-26, 28-34. Verluste 1942 (Ecke Krähenstraße) und Abbrüche nach 1970 (Nrn. 130 – 142)
5/3/11 S D- (formale Qualität der Neu-Zutaten nicht überragend) 1999 – **8** S D+ 1988 – **11** S D 1995 – **14** S D 1980 – **18** S D 1983 – 1974 – **142** N- (Nachbau des abgebrochenen Vorgängers) 1983 – **47/49/51** Häuser an der Stadtmauer 49/51 S D 1981/82; 47 S D+ 1999 – **130-140** „Stützensaal" D- (Abbruch 1971) N- (unbefrie-digende Entwurfsqualität)

An der Obertrave ✳

Südwestlicher Altstadtrand. Nahezu völlig intakt. Vorwiegend traufständig im Dombereich, Giebel zwischen Große Petersgrube und Holstenstraße. Einst Holz-markt (vor der Hartengrube) und Salzmarkt (Nähe Holstenstraße). Störungen nur durch wilhelminische Eckbetonungen (Marlesgrube, Hartengrube) und dem Weltkrieg-II-Bunker vor dem

„Reinfeld". Statt der Bäume früher die sechs bis sieben Meter hohe Stadtmauer mit Pforten.
8 S G D- (nur Fassade erh.) 1978 – **11** S D- (95%iger Neubau nach Brand) 1976 -**12** S G D- (nur Giebelwand erhalten) 1981 – **14** S D 1980 – **15** S G D 1981 – **16** D- (Abbruch) N+ 1984/86 (Musikhochschule, Foyer und Konzertsaal) – **20** Im Reinfeld Hsr. 3-8 S D 1980/84 – **23,24** S D 1992 – **25** S D+ 1983 – **30/31** S D+ 1985 – **37** Rehhagens Gang Hsr. 2, 3 S D 1981 – **38** S D 1989 – **39** S D+ 1990 – **42** S D+ 1976 – **43** S D+ 1998 – **44** S D 1982 – **45** S D 1985 – **46** Stüwes Gang Hs 5,6 S D+ 1987 – **49** S D+ 1977 – **56,57** D- N- (Abbruch denkmalwerter Substanz, historisierender Neubau)

An der Untertrave

An der Untertrave 59-62. Letzte und daher unverzichtbare Relikte des historischen Altstadtrands: die „vier Alten" neben dem Zollamt. Nr. 59 (dritte Fassade von links) ist in den 80er Jahren saniert worden, die restlichen drei sind dringend sanierungsbedürftig

Als geschlossener nordwestlicher Altstadtrand erhalten bzw. wiederhergestellt. Früher Hafenstraße, vom Kai allerdings getrennt durch die Stadtmauer mit Pforten vor den Straßen und Gruben. Heute gibt es nur noch wenige historische Abschnitte, z.B. zwischen Kleine Altefähre und Engelsgrube, 4 Parzellen beim Zollamt sowie die „Traditionsinsel" zwischen Meng- und Alfstraße. **21** S D+ 1998 – **30-33** N+ 1979 – **34** Speicher „Die Eiche" S G D+ 1995 – **39** S G D- (Neubau mit applizierten alten Bau-Resten) 1984 – **42** P G D+ 1981 – **59** S D 1991 – **86** S D- (zerstörender Umgang mit hist. Befund) 1993 – **96** S G D+ 1987 – **97** Speicher „Bienenkorb", Jugendzentrum S D, Rückfassade D- (Abbruch und „historisch getreuer Nachbau in freier Form") 1977 – **98** „Linau-Speicher" S G D+ 1995

Beckergrube 65-75: letzte Giebel ehemaliger Brauerhäuser im unteren Straßenabschnitt

91 D- (Abbruch von Renaissance-Rückfassade und Flügel nach Brand 1981) N- (historisierend, Erdgeschoss zu niedrig) 1983 – **95** S G D 1980

Bei St. Johannis

Traufständige Reihenhausbebauung gegenüber dem Johanniskloster (jetzt Johanneum) **28** S D+ N (neue Fenster) 1998 – **32/34** P D 1982

Blocksquerstraße

Schmale Verbindung zwischen Mengstraße und Beckergrube. Die erhaltene Westseite ist fast durchgehend traufständig. **26** S D 1997 – **28** S D 1998

Braunstraße

Eine der 5 „Kaufmannsstraßen" zwischen Markt und Trave. 1942 fast vollständig zerstört.

Balauerfohr

Abschnitt der die Ostseite der Altstadt durchziehenden Querstraße zwischen Hüx- und Ägidienstraße. Kaum historische Bebauung erhalten

Beckergrube

Einst Hafen-orientierte Gewerbestraße (Brauereien, Getreidehandel). 1942 größtenteils zerstört. Erhalten die Reihe hoher Giebel ehemaliger Brauereien zwischen Blocksquerstraße und Untertrave, ebenso einige Fassaden beiderseits des Stadttheaters. **10-14** Stadttheater 1907/08 von Martin Dülfer, s. auch Fischergrube 5-21 S D+ 1997 – **65** S G D+ 1987 – **71** S G D 1984 – **79** S G D+ 1989 –

12 S D+ 1978 – **21** N- (modische Verblendung mit historischem Steinmaterial als „Riemchen") 1981

Breite Straße

1942 weitgehend zerstört. Als Geschäftsstraße war die Breite Straße schon vorher stark verändert. Nur wenige historische Parzellen zwischen Koberg und Beckergrube und gegenüber dem Rathaus erhalten.
30 S G D (Erhaltung got. Keller) 1996 – **Pavillon** Ecke Beckergrube N+ 1989 – **52/54** Commerzbank 1955 von C. Pinnau N+ (Anbau Rückseite) 1986 – **77** S G D „Pressezentrum" N+ (Erdgeschoßgestaltung)

Böttcherstraße

Hafen-nahe Querstraße zwischen Becker- und Fischergrube**.** Lieferte u.a. einst die Fässer für die Export-Brauereien der Beckergrube. Einige Bombenlücken, ansonsten weitgehend erhaltene historische Bebauung, sanierungsbedürftig.

Clemensstraße

Einst kurze Hafen-„Twiete" zwischen Böttcherstraße und Untertrave. Hier stand die zum Schluss als Speicher genutzte Clemenskirche bis zum Abbruch 1899. 1907 Umbau der Straße zum ersten geschlossenen Bordell-Bereich im Norden (im Volksmund „Kachelallee"). Diese Funktion ist schon lange nicht mehr „Standort"-gerecht. Die Umnutzung geht langsam vonstatten.

Dankwartsgrube ✴

Ehemals Handwerkerstraße (u.a. Böttcher) zwischen Domkurien-Bereich und Binnenhafen Obertrave. Fast ganz im historischen Bestand erhalten, weitgehend giebelständig. Zerstörungen und Abbrüche am oberen Ende (Schulen) und in Trave-Nähe auf der Südseite (Kahlschlag-Sanierung nach 1936)

3 S D 1981 – **5** S D+ 1983 – **11** S D+ 1998 – **21** S D 1980 / **26** S D+ 1999 – **30** S D+ 1979 – **32** S D 1994 – **34** S D 1997 – **35** S D 1996 – **36** ehem. Autohalle mit Holzkonstruktion S G D+ 1995 – **39/41** S G D 1993 – **50** S D+ (Befunde einer ehem. Seifensiederei) – **52** S D 1986 – **54** S D+ 1995 – **56** S D 1991 – **66/68** S G D 1991 – **70** Torweg Hs. 5 S D- (Verlust der originalen Biedermeier-Fassung) vor 1980 – **72/74** S G D 1985

Depenau

Nordseite einst Speicher-Rückseite der Kaufmannsstraße Große Petersgrube, durch Musikhochschulbau verändert. Die mit charaktervollen kleinen Giebelhäusern besetzte Südseite 1942 zu zwei Dritteln abgebrannt.
10/12 Zöllners Hof S D- (Totalentkernung) 1974 – **14/16/18** Musikhochschule S D- (nur Fassadenmauern erhalten) 1981 – **22-28** D- (Abbruch 1984) N+ (vergl. An der Obertrave 16) – **31** S D+ 1998 – **33** S D+ 1987 – **35** S D+ 1990 – **37** S D 1988

Dr.-Julius-Leber-Straße (vormals Johannisstraße)

Eine der langen Straßen der Ostseite, Verbindung zwischen dem Marktbereich und dem Johanniskloster. Einst Gewerbe-Straße (u.a. Weber), auch einige Kaufleute. Häuser vorwiegend giebelständig, noch vielfach mit hochkarätiger historischer Substanz. Der obere Abschnitt zwischen Breite Straße und Königstraße gehört zum zentralen Geschäftsbereich. Von der alten Bebauung ist nur das Äußere von Nr. 13 mühsam bewahrt („Löwenapotheke").
11 N+ 1991 – **13** N+ (Laden) 197● – **22** S G D+ (vorbildlich restaurierte Innenräume wegen unpassender Nutzung leider nicht zu sehen) 1995 – **25** S G D 1997 – **34-38** D- (Abbruch bis auf Straßenfassade für „Königpassage") 1992 – **37** Haasen Hof S D- (Auflösung des hist.

Böttcherstraße, Nordwestseite Nähe Fischergrube. An die längst verschwundenen Fassmacher erinnern noch heute die ungewöhnlich hohen Erdgeschosse. Im Bild das Reihenhaus 8-12. Hier sind die einst fast sechs Meter hohen Böttcher-Dielen zweigeschossig unterteilt und zu Wohnungen durchbaut worden. Das steile Satteldach über der Handwerkerdiele hat eine lichte Höhe von fast acht Metern. Vermutlich lagerten hier früher die Holzvorräte für die Fass-Produktion.

Die Böttcherstraße bietet noch mehr Besonderheiten der Lübecker „Haus-Landschaft": Beispielsweise die Fachwerkhaus-Reihe Nrn. 21-23 oder das Backhaus-Grundstück Nr. 34, das an der Beckergrube beginnt und fast bis zur Clemensstraße reicht.

In gutem Zustand sind nur die beiden kleinen Giebelhäuser 20/22. Die Sanierung hat an der Böttcherstraße noch nicht begonnen – hier gäbe es viel zu tun.

Grundrisses), D+ (äußerliches Bild und Restaurierung der Malereien) 1977 – **43-47** N 1997 – **49** S G D+ 1982 – **55** S D 1982 – **58** S D+ 1986 – **71** S G D 1980 – **78** S D+ um 1980

Düstere Querstraße ✳

Nahezu ungestörte schmale Querstraße zwischen Marles- und Dankwartsgrube mit vorwiegend traufständiger Bebauung.
12 S D 1993

Düvekenstraße ✳

Die Südwestseite bestand als Rückseite der Mühlenstraße aus traufständigen Speichern. Auf der Nordostseite die historische Reihe einstiger Armen-Wohnungen.
1, 3, 5, 7, 9 S D (in Abschnitten, 80er Jahre) – **6** S G D- (Speicher-Ausbau, unbekümmerter Umgang mit dem Befund) 1998 – **15** D- (größtenteils Abbruch und Neuaufbau) 1973

Effengrube

Kürzeste zur Obertrave hinunterführende Straße im Dom-Bereich. Südseite 1942 zerstört.

Engelsgrube, Nordseite. Ein sauberes, freundliches Bild – hier war ein Haupt-Schauplatz der Sanierung in Lübeck

2 S D 1971 – **12** S D 1992 – **16** S D 1983 – **18** S D+ 1982

Ellerbrook

Querstraße zwischen Becker- und Fischergrube. 1942 bis auf eine kurze Reihe traufständiger Häuser vernichtet (Nrn. 9-17). Bis heute Bombenbrache.

Engelsgrube ✳

Intakte historische Straße des früheren Seehafen-Quartiers. Sanierungsschwerpunkt um 1980. Einst fast durchgehend giebelständig. Erhalten sind auch viele Gang-Anlagen.
6, 8 S G D+ 1982 – **10, 12** S D 1980 – **23** S D+ 1985 – **31** Sievers Torweg Hs. 13, 20 S

Düvekenstraße, das spätgotische Reihenhaus 1-9 an der Nordostseite der Straße, ehemals Armenwohnungen. Das rustikale Erscheinungsbild spiegelt die Schönheitsvorstellungen der Jahre um 1970, entspricht aber keinem historischen Zustand

D 1994 – **32** Qualmanns Gang
Hs. 5-9 S D+ 1987 – **38-42** S
G D- (Zerstörung d. Renais-
sance-Balkenlage in Nr. 42,
Verlust der Industrie-
Architektur d. Rückfront), N+
Ladeneinbauten 1984 – **43**
Bäcker Gang Hs. 12-18 S D-
(Verlust der Farbfassungen
durch Sandstrahl-Behand-
lung, der Schaden durch
Neuanstrich abgedeckt) 1987
– **44** S G D- (Fassade
verändert) 1996 – **45** S D+
1982 – **47** S G D+ 1983 – **48**
Schlachter Gang N 1987 – **53**
S G D 1994 – **56** S G D+ 1978
– **58** S D 1978 – **60** S D 1977
– **66** S G D- 1983 – **68** S D-
1982 – **73** Zerrahns Gang Hs.
3,5 S D 1985 – **74** S G D+
1995 ff (Sanierung nicht
abgeschlossen) – **76** S D-
1976 – **80** N+ 1987 – **81** S D+
1988 – **85** S D+ 1990
Neugestaltung der Straße 1989 beendet

Fegefeuer. Die Südost-Seite zeigt durchgehend Putzfassaden des frühen 19. Jahrhunderts mit heller Farbfassung – ein typisches Lübecker Straßenbild

Engelswisch ✳

Verbindung zwischen Engelsgrube und Große
Altefähre, in großen Abschnitten erhaltene
„Kleinhaus"-Straße im ehemaligen Hafenbereich. Fabrikgebäude 1977 durch neue
Wohnbebauung ersetzt (Nr. 34-46).
12 S D+ 1997 – **13a** Hofgebäude S D- (Verlust
des Speichercharakters) 1986 – **16** S D 1978 –
15 N-, zusammen mit **17-21** S D- (Abbruch bis
auf die Giebelwände für Schulturnhalle) 1981
– **22** S D 1986 – **24** S D 1980 – **26** S D+ 1997 –
31 S D- (Rokoko-Rekonstruktion ohne ausrei-
chenden Befund) 1988/91 – **33** Torweg Hs 5 S
D+ 1996, Hs 12 S D 1985 – Hsr 9-11 N 1989 –
47 P D 1980 – **48** D- (Abbruch bis auf Straßenfassade) 1977 – **50** S D- (Total-Entkernung,
Fenstereinbrüche, Gauben) 1977 – **54-62** N

1986 – **59** S D 1981 – **61** P D+ 1996 – **65** S G
D+ N+ 1983

Fegefeuer

Führt von der Mühlenstraße zum Dom.
Traufständige Südost-Seite vollständig
erhalten, vom Gegenüber nur 4 Parzellen nahe
der Mühlenstraße.
4-10 S D 2000

Fischergrube

Lange Straße im ehemaligen Seehafen-
Quartier, einst von Brauereien, Hafen-
orientiertem Gewerbe und einigen Kaufmanns-
häusern bestimmt. Heute sehr kontrastreich:
im mittleren Bereich 1942 zerstört, erst 1997 in
Teilen neu bebaut. Bombenbrachen bis heute.
Eine durchgehende Giebelreihe an der oberen
Nordseite erhalten.

4-10 Handwerkskammer S D 1985 – **5-21**
Stadttheater, vergl. Beckergrube 10-14 S D+
N+ 1997 – **16** S G D 1989 – **18** S G D 1989 –
20 S D+ (Wandmalerei auf der Diele, Rettung
des Flügelanbaus) 1987 – **29** S D 1989 – **38**
Lüngreens Gang Hsr. 7/8/9 80er Jahre – **40** S
D- (Sandstrahlbehandlung Rücks.) 1978 – **46** S
G D+ 2000 – **52** S G D- (Abbruch bis auf
Fassade), N- 1983 – **54-60** N+ 1997 – **79** S D-
(eine der ersten Sanierungen in Lübeck 1975.
U.a. Sandstrahl, starke Eingriffe in die
Fassade)

Fischstraße

War die bedeutendste der Straßen im
Kaufmannsviertel zwischen Markt und
Wertgüterhafen Untertrave. Hier standen
Lübecks größte und prächtigste Giebelhäuser.
Totalverlust 1942. Mit der nachrangigen
Neubebauung der 50er Jahre ist jegliche
Erinnerung an Lübecks unvergleichliche
Kaufmannsstraße gelöscht.

Fleischhauerstraße

Einer der langen Straßen der Ostseite. Einst
durchgehend giebelständig, verschiedenstes
Gewerbe, auch Kaufleute. Verband die
„Küterei" (Schlachthof) mit dem Fleischmarkt
(Schrangen). Die intakte historische Bebauung
wurde erst in den 70er Jahren durch Abbrüche
empfindlich beeinträchtigt.
1-15 D- (Abbruch, s. „City") 1974 – **16** S G D-
(nur äußere Hülle erh.) 1978 – **20** ehem.
Finanzamt S G D+ N+ 1986 – **22** S G D- (hist.
Flügel-Rest im Laden unverständlich) N+
(Ladenfront) 1999 – **26, 28** S G D (positiv:
Erhaltung hist. Ausstattungsreste im Flügel Nr.
26) 1997 – **33-37** S G D- (Verlust an Innenstrukturen, Teil der „Königpassage") 1994 – **40**
D- Abbruch bis auf Fassade) 1977 – **43** S G D
1983 – **44** S G D 1977 – **50** N+ (Laden) 1998 –
53 D- (Abbruch) N 1978 – **56** D (N+ Ladeneinbau) 1997 – **59** D- (Abbruch) N 1978 – **63** S G
D+ um 1990 – **65** S G D+ 2000 – **64-72** D- N-

(Abbruch, Nostalgie-Neubau) 1976 – **76** S G
D+ 1976 – **80** S G D+ 1997 – **93-95** Turnhalle N
1983 – **100/102** S D+ 2000 – **108** S D+ 1999

Fünfhausen

Ehemals schmale Querstraße zwischen
Mengstraße und Beckergrube. Nach totaler
Kriegszerstörung Verbreiterung und Ausbau zur
Verkehrsachse Beckergrube-Holstenstraße.

Glockengießerstraße ✳

Lange Straße der Ostseite, nahezu ungestörtes
historisches Erscheinungsbild. Vorwiegend
giebelständige Bebauung, vielfach hochkarä-
tig. Früher Handwerk und Gewerbe (u.a.
Brauer), einige Kaufleute und Krämer (Detailhändler). Hier liegen auch die größten der
bekannten Stiftungshöfe.

**Glockengießerstraße, Südseite (zwischen Nr. 20 und
28). Eine ungestörte Abfolge historischer Giebelhäuser mit Fassaden aus verschiedenen Zeiten –
anschauliche Geschichte**

2 S D+ 2000 – **4-6** D- (total entkernt wg. Durchbau für Schulzwecke, Nr. 6 um 1980 mit Abbruch des Flügels; Nr. 4 um 1970 mit Abbruch und Neu-Aufbau der Rückfassade) – **8** S D 1974 – **12** S D- (Fassade: Sandstrahl, Fantasiesprossen) 1977 – **17** S G D+ 1998 – **21** S G D+ 1995 – **23-27** Füchtings Hof S D+ (äußerl. Bild), D- (Verlust der Hauseinheiten) 1976. Portal neu 1988 – **31** S G D 1981 – **36** S G D+ um 1980 – **39-43** Ihlhorns Armenhaus, Glandorps Hof und -Gang S D+ (Außen-Bild, wie alle Stiftshöfe) 1977 – **46** und **48** S D+ 1996 – **50** S G D+ 1997 – **55** S D+ 1984 – **72** S D N+ (Brandruine) 1992 – **81** S D+ 1987 – **85** N Schmütz Gang 1988

Große Altefähre ✳

Einem älteren Handelsweg folgende gewundene Straße zwischen dem ehemaligen Massengüterhafen Untertrave und der Kleinen Burgstraße, die zum Koberg führt. Durchweg mit großen Giebelhäusern bebaut. Ehemals Getreide- und Holzhandel, Gewerbe.
1 S D 1999 – **3** S D 1999 – **5** S D+ 1997 – **6** S D 1980 – 8 D+ (Rekonstruktion der Befensterung) 1992 – **11** S D+ 2000 – **19** S D 1974 – **25** S G D+ 1988 – **31** S D- (Sandstrahl, neue EG-Fenster gegen Befund) 1979

Große Burgstraße ✳

Vom Burgtor zum Koberg führende Torstraße. Weitgehend erhaltene giebelständige Bebauung. Einst Kneipen und Herbergen, aber auch verschiedenste Gewerbe. Heute eines der kleinen „Nebenzentren" der Altstadt.
17 S G D+ 1996 – [**24** nur Giebelwand erhalten, böser „Altschaden"] – **26** S G D+ 1994 – **34** D- N- (Abbruch und mißgestalteter Neubau) 1975 – **35** S D 1978 – **48** siehe Koberg 12
Neugestaltung der Straße 1998 beendet

Große Gröpelgrube ✳

Führt an der Heiligengeist-Hospital-Nordseite entlang und weiter zur Wakenitzmauer. Intakte traufständige Bebauung zwischen Rosenstraße bzw. Langer Lohberg und Wakenitzmauer.
4 N- (historis. Neubau in Anlehnung an abgebr. Vorgänger) 1979 – **4a**, **4b**, **4c** N- (Nostalgie-Neubauten,

Große Kiesau (nach Norden gesehen). Ein geschlossenes Straßenbild von vergleichsweise kleinstädtischem Charakter – durchgängig erhalten und inzwischen auch fast ganz saniert

Fremdkörper auf dem Heiligengeist-Hospital-Grundstück) 1979 – **18** S D 1991 – **16** S D+ 1973 – **30** N+ 1996 – **31** S D 1986 – **32** S D 1997 – **34** S D+ 1987 – **33-35** N- (Nostalgie-Neubau) 1976 – **36** D+ (Wiederherstellung d. Fassade) 1986 – **39** S D+ 1982 **49** S D 1988 – **53** S D+ 1981

Große Kiesau ✳

Schmale Querstraße zwischen Engels- und Fischergrube. Gut erhaltene traufständige Bebauung. Besonders zu beachten die Reihenhauszeilen.
1 S D+ 1979 – **5** Kreuz Gang Hs 1-5 S D+ 1984 – **8-12** S D 1980 – **9** S D 1991 – **11** S D+ 1982 – **15** S D 1982 – **18** S D 1995 – **26** S D 1982 – **28** S D- (Vermauerung der Kreisblenden über Portal) – **40** S D+ 2000 – **42** S D 80er Jahre – **44-48** Reihenhaus S D 80er Jahre

Große Petersgrube ✳

Kurze, ansteigende, in eleganter Kurve verlaufende Straße von der Obertrave zur Petrikirche, oberer Abschluß (einst: „Hinter St. Petri") 1942 verbrannt. Die ansonsten wohler-haltene Straße von bedeutenden Giebelhäu-sern gesäumt, einige waren Kaufmannshäuser. An der Südseite Einbau der Musikhochschule ab 1976.
4 D- Abbruch bis auf Außenwände 1972 – **6** (Speicher) S G D 1979 – **7/9** S D 1983 – **8a** N+ 1983 – **10** S D 1979 – – **11** S D 1981 – **13** S D+ (Aufdeckung der got. Rückfassade) 1978 – **17-29** Musikhochschule, besonders 17, 21,23 S D+ (Restaurierung der Dielen und einiger Säle). 29 D- (fast völlige Auskernung, Einbau Kammermusiksaal), D+ (Restaurierung des Zopfstil-Saals in der Süd-Travée) 1977-1995, siehe auch Depenau

Hartengrube

Verbindet den Bauhof (Dom) mit der Obertrave. Der obere Abschnitt (Nordseite) gehörte einst zum Kurienbereich des Domkapitels. Im

mittleren und unteren Teil Wechsel zwischen trauf- und giebelständiger historischer Bebauung. Die Straße war früher vom Binnenhafen bestimmt: Schiffer, Böttcher u.a. **5**, **7**, **11** S D- (Abbrüche, Teil-Auskernung) 1985 – **6/8** S D 1992 – **9** Rademacher Gang Hs 10-15 D- N- (Abbruch, Nostalgie-Neubau) 1985 – **18** Schwans Hof D (Wiederherstellung der klassizist.-biedermeierlichen Befensterung, außer Hs. 4 und 6) 80er und 90er Jahre – **20** S D+ (die Restaurierung der Fachwerkfront) 1989 – **23** S G D+ 1990 – **25** S D 1985 – **29/31** S (N+ neue EG-Fenster) 1997 – **39** S D 1985 – **44** Heynats Gang Hs 1,2 S D 1986, Hs. 10,11 S D 1996 – **52** Kalands Gang Hs. 10 S D 1994

Holstenstraße

Heute Haupt-Verkehrsachse vom Holstentor-Vorplatz zur Stadtmitte, reine Geschäftsstraße. Wegen der Marktnähe saßen hier früher viele Krämer (Detailhändler) und verschiedenste Gewerbe. Keine Torstraße, weil die Steigung für Fuhrwerke zu steil war: der Verkehr ging einst über die Marlesgrube. Die historische Bebauung war schon vor 1942 fast völlig verschwunden. Geringe Reste zwischen Lederstraße und Untertrave.
30 S G D 1979

Hüxstraße ✳

Lange Straße der Ostseite. Heute (wieder) eine belebte Geschäfts- und Wohnstraße. Einst im unteren Abschnitt viele Brauereien, außerdem Krämer, Pelzmacher u.v.a.m. Eines der „Nebenzentren" der Altstadt (vergl. Schluma-cherstraße). Die historische giebelständige Bebauung ist nahezu vollständig erhalten, Störungen nur im oberen Abschnitt zwischen Breite Straße und Königstraße. Im Bild herrschen Putzfassaden des Klassizimus vor.
16, **18** D- (nur Teile der Fassaden als Kaufhaus-Verblendung) 1976 – **32** S G D+ 1999 – **35** S G D+ 1993 – **37** S G D+ nach 1987 – **45** S G D+ 1989 – **66** S G D+ bis 1999 – **68** S G D (N

Die Große Petersgrube gehört jetzt zu den bekanntesten „Alt-Lübecker"-Straßenzügen. Das ist sicherlich auch eine Folge der häufigen Präsenz der Musikhochschule in den Medien. Gelegentlich muss bereits darauf hingewiesen werden, dass die Häuser 17-29 nicht als Musikhochschule erbaut wurden ...
Es ist aber auch die farbige Mischung von Giebelformen aus verschiedenen Epochen, die aus der Großen Petersgrube das beliebte Touristenziel machen. Die Fronten der Musikhochschule sind nur ein Teil dieses Ensembles. Im Bild ist davon nur die klassizistische Drillingsgruppe des Weinhändlers J. D. Jakobi erkennbar, Nr. 17/19, halbrechts.

1995 – **17** zur Stadtbibliothek S D 1975 – **18** S D 198n – **24** S D+ 1984 – **26** S D 1981 – **27** S D 1998 – **34** S D+ 1998 – **35** D+ 1976 – **38** S D 1982 – **40** (Hinterhaus) S D+ 1986 – **47** S D+ 1994 – **53** S D 1980 – **55-59** v. HÖveln Gang S D- (nur Äußeres erh.) 1974 – **52, 54** S D 1988 – **56, 58** S D+ 1996 – **64** S D um 1980 – **65, 67** S D 1985/1990 – **71-77** S D- (Abbruch bis auf Fassaden) 1986 – **74** S D- (Total-Abbruch und verfälschender Neu-Aufbau) 1979 – **76** S D N+ 1988 – **78** S D 1983 – **79** S D 1985 – **80** S D+ 1989 – **81** S D 1985 – **83** Schillings Hof Hs.1 S D+ 1997 – **94** S D+ 1987 – **95** N+ 1998 – **101** N 1982 – **103, 105** S D+ 1983 – **107** S D+ 1981 – **109** S D- (Abbruch Hoffassade) 1980 – **111** D- (Abbruch, mieser Neubau) 1983

Hundestraße. Eine Reihe traufständiger „Buden" an der Nordseite (Nähe Rosengarten). Der Wechsel von traufständigen und giebelständigen Hausgruppen ist ein auffälliges Kennzeichen der Straße

Treppenturm Hofseite) 1989 – **69** S G D+ 1986-**72** P G D 1982 – **78-90** S G D+ (städtebauliche Denkmalpflege) 1988 – **79** N+ Ladeneinbau 1997 – **96** S G D 1991 – **111** S D 1999 – **115** S G D 1994 – **119** S G D 1998 – **121** S G D+ 1990 – **128** S G D 1979

Hundestraße ✳

Eine der langen Straßen der Ostseite zwischen Königstraße und Wakenitzmauer. Einst vielfältiges Gewerbe: Gerber, Lederverarbeiter, Brauer u.a. Im Straßenbild auffälliger Wechsel von Trauf- und Giebelständigkeit. Insgesamt gut erhalten. Eines der Hauptzentren der Privatsanierung.

4 P D 1981 – **8** P D 1980 – **11-15** Stadtbibliothek-Erweiterung N+ 1975; Mantelssaal D+ N+

Kapitelstraße

Kurze Verbindung zwischen dem einstigen Kurien-Bereich des Domkapitels und der Mühlenstraße. Verluste 1942 und durch den C&A-Bau.

4, 6 S D 1881 – **5** S D+ 1981 – **7** S D+ 1981

Kleine Altefähre

Von der Großen Altefähre nördlich zur Untertrave abzweigende kurze Straße unterhalb des Burgkloster-Hügels.

1 S G D 1970er Jahre – **2** S D 1984 – **12** (Seemannsheim) D- (nur Fassaden vor Neubau verfälscht erh.) 1976 – **13** Schröders Gang N- (anspruchlosestes Niveau) 1986 – **15** S D 1985 – **21** S D+ 1991

Kleine Burgstraße

Gerade Verbindung zwischen Burgkloster und Koberg-Westseite. Traufständig bebaut. Bauhistorisch bedeutend das Reihenhaus 1-11. Laut Dendro-Datum 1291 erbaut, wahrscheinlich als Beginenhaus. Die Straßenfront im 19. und 20. Jahrhundert überformt.
11 S G D+ 1981 – **16** S D+ 1988 – **18, 18a** S D- (nur Außenwände erh., Flügel abgebr.) 1986 –

Kleine Burgstraße, Dächerblick. Ein durchlaufendes, langes Satteldach – darunter sitzen sieben Haus-Einheiten. Die Anlage ist gegen 1292 gebaut worden. Veränderung der Fronten in jüngerer Zeit.

19 S D+ 1985 – **31** Lienhöfts Gang Hsr. 1-6 S D 80er Jahre

Kleine Gröpelgrube

Verbindung zwischen Große Burgstraße und Wakenitzmauer. Vorwiegend traufständig.
7, 9, 11 S D- (Total-Auskernung = Vernichtung der klassizist.- biedermeierl. Ausstattung, Abbruch hist. Hofbebauung) 1982 – **24, 28, 30** S D 1990/94

Kleine Kiesau

Querstraße zwischen Große Petersgrube und Marlesgrube. 1942 bis auf geringe Reste ausgelöscht.
8 S D 1980

Kleine Petersgrube ✳

Kurze, enge Straße, führt vom Kolk unterhalb der Petri-Mauer hinunter zur Obertrave. Einst von Binnenhafen-orientiertem Gewerbe bestimmt. Die hohe, überwiegend traufständige historische Bebauung gut erhalten.
1/3 siehe Kolk 20/22 – **2, 4, 6** Eckhaus zum Kolk und St. Jürgen-Gang, Puppenmuseum S D 1980 – **8, 10, 12** Reihenhaus S D 80er Jahre – **11** S D 1981

Koberg ✳

Im Mittelalter einige bedeutende Kaufmannshäuser an der Westseite in jüngerer Zeit „Bauernmarkt" mit Herbergen, Kneipen und Krämern. Die Westseite als klassizistische „Platzwand" vor bedeutender älterer Bausubstanz unverändert eindrucksvoll.
2, 3 S G D+ 1984 – **6** N+ (Neuordnung Ladenzone) 1993 – **12, 13-15** D- Abbruch bis auf Straßen- bzw. Platz-Fassaden 1978 – **17** N- (Erker-Motiv hier fehl am Platz) – **Jakobikirchhof 1-3** (Pfarr- und Organistenhäuser) S D (D- Gemeindesaal anstelle von 2 hist. Wohnungen; D+ Restaurierung der Decken) 1987
Neugestaltung des Platzes 1997

Königstraße

Eine der längsten Straßen der Altstadt, die alte Nord-Süd-„Achse", im Bild sehr gegensätzlich. Am bedeutendsten heute der Abschnitt zwischen Koberg und Katharinenkirche, eine weitere „Traditionsinsel" zwischen Hüx- und Wahmstraße. Der mittlere Bereich als Geschäftsstraße schon früh umgebaut; 1942 hier und zwischen Wahm- und Aegidienstraße starke Zerstörungen.

Königstraße 79-85 (von rechts). Früher die typische Lübeck-Rückansicht: Während die Straßenfronten mit der Mode gewechselt wurden, blieben die Rückseiten unverändert. An den alten Rückfronten setzen seitlich die Hofflügel an. Die Querhäuser bilden als Abschluss der Parzelle einen zusammenhängenden Riegel

4-6 S D 1998 – **9** Museum Drägerhaus S D+ 1981 – **28** S G D+ 1986 – **30** S G D+ 1986 – **32** S G D 1985 – **42** S G D 199n – **49-57** „Königpassage" D- (Abbruch bis auf Keller und wenige Brandmauer-Teile; in Nr. **51** D+ (Erhaltung v. Wandmalerei) 1992 – **68-74** Kaufhaus, s. auch Hüxstr.16, 18; 68-72 D- (nur Fassaden erh.) 1990, 74 G D+ (Hauskörper und Flügel erh.) 1991 – **80** D- (Abbruch bis auf Fassade 1976) – **115**, **117**, **119** D- (nur Fassaden verfälscht erh.) 1985 - Neugestaltung der Königstraße 1996 abgeschlossen

Kohlmarkt
Südlicher Marktrand. Keine historische Bebauung erhalten. Die Muschelkalkfassade des Bankgebäudes 9/11 von 1905 erinnert an den 1946 zusammengebrochenen Renaissancegiebel Kohlmarkt 13, dessen geschweifter Umriß zitiert wird.

Kolk
Kurze, enge Straße unterhalb der hohen Stützmauer des Petrikirchhofs. Der Block zwischen Holsten- und Pagönnienstraße wird heute von einem Kaufhaus eingenommen. Der restliche historische Teil bis zur Großen Petersgrube ist vom Puppenmuseum und seinen Annexen besetzt.
14, **16** Erweiterung Puppenmuseum S D- (hist. Substanz innen weitgehend verkleidet) 1996 – **20**, **22** Marionettentheater S D (Staffelgiebel neu) 1977

Krähenstraße
Zwischen Balauerfohr und An der Mauer. 1942 und später durch Abbrüche weitgehend vernichtet. Seit 1956 zwecks Geradeausfahrt von der Wahmstraße in Richtung Rehderbrücke begradigt.
20 ehem. Zerrenthiens Armenhaus S D 1984

Kupferschmiedestraße

Querstraße zwischen Becker-
und Fischergrube. 1942
weitgehend zerstört. Erhalten
nur 3 Häuser der Westseite.

Langer Lohberg ✳

Ehemals Gewerbestraße
zwischen Große Gröpelgrube
und Glockengießerstraße,
vorwiegend Brauer und
Gerber. Auffälliger Wechsel
zwischen giebelständigen
und traufständigen Straßen-
abschnitten. Historischer
Bestand zumindest im Er-
scheinungsbild weitgehend
erhalten. Heute ruhige Wohnstraße.
3 S D+ 1990 – **15** S D 1986 –
17 S D 1986 – **18** S D+ (Wiederherstellung der Fassade)
1986 – **20** S D- (weitgehend
neu, „hist." Fenster ohne Befund) – **21** Spönken Hof D
(Fassaden-Wiederherstel-
lung) 80er u. 90er Jahre – **25**

Lichte Querstraße. Traufständig (bis auf 2 Winzig-Giebel), geputzt und hell gestrichen in Grau-, Gelb- und Ockertönen: ein spätklassizistisch-biedermeierliches Bild

S D 1995 – **27-31** S D 1998 – **37** S D 1981 – **41**
S D+ 1988 – **47** S D+ 1988 / **28-32** N- (zu verschlossen) 1982 – **38-46** S D- (eine der ersten
Sanierungen, ohne bauhist. Untersuchung)
1975 – **48-56** S D- (nur Fassaden und Dachwerk erh.) 1980 – **58** S D (N neuer Zwerchgiebel) 1985

Lichte Querstraße ✳

Schmale Verbindung zwischen Dankwarts- und
Hartengrube, der traufständige Kleinhausbe-
stand bis auf wenige Ausnahmen erhalten.
10, 12 S D 1996 – **20** S D 1984

Marlesgrube

Ehemals Krug- und Herbergen-Straße, aber
auch Binnenhafen-gerichtetes Gewerbe (z.B.

Böttcher). 1942 der größere, zum Klingenberg
ansteigende Abschnitt verbrannt. Die auf den
Brachen entstandenen Großbauten sind heute
städtebauliche Problemfälle.
42 S D ab 1980 – **44** D+ (Giebel-Wiederher-
stellung) 1998 – **55-59** D- N (Abbruch, Neubau
mit überhöhter Kubatur) 1980 – **56** Durchgang
Hsr. 3, 4 S D 1982, Hsr. 7, 8 S D- (größtenteils
Neu-Aufbau) 1986 – **65** S D+ 1990

Mengstraße

Einer der „fünf Finger" zwischen Markt und
Hafen. Nur das untere Drittel ✳ blieb vom
Krieg verschont – heute der letzte Rest des
sogenannten Kaufmannsviertels. Die „Traditionsinsel" zwischen Breite Straße und Fünfhau-
sen beim Wiederaufbau erheblich verfälscht.

4 „Buddenbrookhaus" N+ (Ausstellungsgestaltung. Die Belétage ist aber eine Groteske) 2000 – **21** S D+ ab 1977 – **23** S G D- (Verfälschung v. Befunden, nur Teil-Einbau der bemalten Dielendecke) 1987 – [**25** „Freizeitheim der Kaufmannsjugend" S D- (totale Entkernung, verfälschender Neuaufbau des Straßen- und des Hof-Giebels) 1964] – **31** S G D+ 1997 – **33**, **35** und **43-47** Jugendzentrum S G D 1975-77 – **40** S G D+ (Ablehnung von

Mengstraße. Eine letzte Reihe von Kaufmanns- und Handelshäusern. Früher wurde vom Ertrag des „Wägens und Wagens" auch etwas ins Haus gesteckt. Die Bonität einer Firma war sozusagen „ablesbar". Das zumindest läßt sich hier noch erkennen

Gewölbekeller- und Dachausbau) 1994 – **44** S D (San. nicht beendet; D+ Restaurierung von Deckenbildern) ab 1981 – [**48**, **50**, **52** neues „Schabbelhaus" und „Kontor" S G D+ 1955 und 1972] – **64** als „Werkkunstschule" saniert S G D+ 1984

Mühlenstraße

Ehemals Tor-, Krug- und Krämerstraße. Vermutlich die älteste Straße Lübecks, führte von der Wakenitzfurt, heute Mühlenbrücke, zum ersten Salzmarkt (heute Klingenberg). Einst durchgehend giebelständig bebaut. Kriegsverluste im mittleren Bereich, starke Eingriffe und Abbrüche durch wirtschaftlichen Druck in den 1960er und 70er Jahren. **1/3** S D 1990 – **7** S G D 1986 – **8** D- (beim Abbruch nur Fassade gerettet; Zerstörung der Rokoko-Wandmalerei) 1976 – **9** S G D+ 1986 – **15** S G D 1991 – **26** S G D+ 1986 – **60** D (Wandöffnungen im Dielenbereich der Fassade wiederhergestellt, Fenster unbefriedigend) 1975 – **65** S G D+ 1988 – **71** S D- (Total-Abbruch bis auf Mauerwerk der Straßenfassade) 1974 – **72** Hafenbaubehörde S G D 1987 – **79** Brandes Hof Hsr.1, 6, 7, 8, 9 S D bis 1992 – **93-95** S G D 1982 Neugestaltung der Mühlenstraße 1999 beendet

Musterbahn

Südliche Begrenzung der Dom-Immunität, anstelle des Bischofshofs und ehemaliger

Kurien heute Schulen. Im 19. Jahrhundert nach Abbruch der Stadtmauer geschlossene Bebauung des Hangs zum Mühlenteich mit repräsentativen Stadtvillen. Beachtlich das „Statius-von-Düren-Haus" mit den originalen Terrakotten vom Hause Braunstraße 4.
19 ehemal. Possehl-Villa S D+ (Erhaltung der Einrichtung von 1907) 1993

Pfaffenstraße

Schmale, kurze Gasse zwischen Breite und Königstraße, verbindet Beckergrube und Glockengießerstraße, eingefasst von zweige-schossigen Reihenhäusern des 16. Jahrhun-derts. Heute Teil des zentralen fußläufigen Einkaufsbereichs.
13 N- (Neubau hinter stark erneuertem Giebel) 70er Jahre

Parade

Führt die Straße Pferdemarkt bis zum Dom fort. Ehemals Kurienbereich des Domkapitels, heute verschiedene Großbauten. Im „Palais Rantzau" Parade 1 hat sich eine Dom-Kurie erhalten.

Pferdemarkt

Im Mittelalter saßen hier Künstler – Maler, Schnitzer, Vergolder –, die fürs Domkapitel arbeiteten. Im Straßenbild heute nur noch einige Fassaden aus dem 19. Jahrhundert.
6-8 N+ 1972

Rosengarten

Kurze Querstraße zwischen Hundestraße und Dr.-Julius-Leber-Straße.
1, **3** Doppelhaus 1 N (zu glatter Neubau der 1968 zerstörten Fassade) 1991, **3** D+ Reparatur des Fachwerk-Oberstocks) 2000 – **5** S D 1983 – **14-18** Musikschule in einer ehemaligen Postkartenfabrik S G D 1986

Rosenstraße

Querstraße zwischen Kleine und Große Gröpelgrube. Vergleichsweise breit, die noch

erhaltene historische Bebauung (Ostseite) traufständig.
4 S D 199• – **12-20** D- (Abbruch) N 1980 – **17** Rosen Gang S D (weitgehend erneuert) 80er Jahre – **21** D- (nur Fassade erh.) 1981 – **25** Vereinigungs Gang S D (weitgehend erneuert) 80er Jahre – **31** S D+ 1998

Sandstraße

Abschnitt der zentralen Geschäftszone zwischen Breite Straße und Klingenberg. Keine historische Bebauung erhalten. Im Eingang Sandstraße 17/23 Reste des Renaissance-Portals vom Haus Kohlmarkt 13.

St.-Annen-Straße

Setzt die von Norden kommende Querstraße Balauerfohr bis zur Mühlenstraße fort. Ehemals auch „Ritterstraße" wegen der vor Bau des Annenklosters (ab 1505) vorhandenen Ackerbürger-(„Ritter") Höfe. Später Handwerk, kleines Gewerbe. Die traufständige Bebauung weitgehend erhalten.
4 jetzt Hotelfachschule S G D+ 1998 – **6** P D 1980 – **7** P D 1976 – **9** P D+ 1998 – **15** Neubau einer Kunsthalle auf den Resten der Annenkir-che D N+ 2000-2001

Schildstraße

Südliche Begrenzung des dreieckigen Bau-blocks mit der Aegidienkirche. Einst Handwer-kerbereich. Traufständige Kleinhausbebauung noch in Teilen erhalten; im Palais Nr. 12/14 steckt wahrscheinlich noch ein „Ritterhof", einst Anwesen eines Ackerbürgers.
12/14 jetzt Amt f. Kultur S D 1999

Schlumacherstraße ✳

Abschnitt des Querstraßen-Zugs der Ostseite zwischen Fleischhauer- und Hüxstraße. Einst Handwerkerstraße, z.B. Webereien. Weitge-hend erhaltene traufständige Bebauung. Bildet heute mit der unteren Hüxstraße ein kleines „Neben-Zentrum".

4 S D+ (Restaurierung der Deckenmalerei in der kl. Dornse; D- Verlust der orig. Biedermeier-Fensterflügel) 1981 – **5** Zobels Hof P D bes. Hsr. 15, 16, 17, ab 1980er Jahre – **10** P G D+ 198n – **11** S G D+ 1994 – **15-23** Dornes Hof S D- (Abbruch des Hofflügels bereits 1956; Auflösung der Innenstruktur, überdimensionierte Dachgauben) 1974

Schwönekenquerstraße ✳

Querstraße zwischen Engels- und Fischergrube. Bis auf die Abbrüche fürs „Altstadthotel" vollständig erhaltener, traufständig bebauter Straßenzug.
2 S D+ 1998 – **3**, **5** S D+ 1998 – **6**, **8** S D- (Verlust der got. Dachstühle) 1989 – **10** S D+

Schwönekenquerstraße, Nähe Engelsgrube. Ein fast durchgehend traufständiges Straßenbild mit Putz und heller Farbigkeit. Mehrere Reihenhäuser aus dem 16. Jahrhundert. Die im Bild links sichtbare Reihe (Nrn. 6-10) ist im Kern gotisch von 1496.

1993 – **12** S D 2000 – **14** S D 1984 – **15** S D 1984 – **16** S D+ 1996 – **17** S D 1980 – **18** S D 1984 – **23-27** D- N- (Abbruch und historis. Neubau, vergl. Fischergrube 52) 1984

Schüsselbuden

Ehemals westlicher Marktrand mit bedeutenden Kaufmanns- und Gildehäusern. Erhalten nur der 3-schiffige Keller unter dem Neubau Schüsselbuden 2, Lübecks größter und schönster gotischer Gewölbekeller, einst ein „Kaufkeller am Markt".

Siebente Querstraße ✳

Hafen-nahe Querstraße zwischen Mengstraße und Beckergrube. Mit ihren verschiedensten Hausformen gut erhalten (müsste eigentlich „Ferkel"-Querstraße heißen: „Söveken" ist mit „Siebente" falsch übersetzt. Gemeint sind Ferkel, ein Hinweis auf Schweine-Haltung in der mittelalterlichen Stadt).
12 S D- (typische Geldanleger-„Sanierung", fünf Appartements)

Stavenstraße

Kleine Handwerkerstraße im Ägidienviertel, Südwestseite fast ganz vom Großbau des ehemaligen Sozialamts (1890) besetzt. Traufständige Bebauung der Nordseite trotz vieler Störungen bewahrt. Der Straßenname verweist auf das Vorhandensein von Badehäusern („Staven") im Mittelalter.
18 S D 1982 – **27** Behrens Hof Hs 5 S D 1980, Hs 8 P D+ 1993 – **33** D- (nur Fassade verfälscht erh.) 1983

Tünkenhagen ✳
Abschnitt des Querstraßen-Zugs der Ostseite zwischen Glockengießer- und Hundestraße. An der Westseite bemerkenswerte Zeile von Reihenhäusern des 16. Jahrhunderts.

11 S D 1985 – **15** S D- (Fassade neu) 1978 – **17** S D 1984

Wahmstraße ✳
Zwischen Königstraße und Balauerfohr stehen die eindrucksvollsten und größten Giebelhäuser Lübecks, einst vorwiegend Brauerhäuser. Die obere Wahmstraße zwischen Kohlmarkt und Königstraße ist 1942 verbrannt. Verluste auch an den Ecken zum Balauerfohr.
31 S D 1985 – **33** P D+ 1997 – **36** S D 1983 – **43-45** S G D 1996 – **46** Durchgang Hsr 8- 15 D- N- (historis.Neubauten von 1984, nur Hs. 23 D+) 1985 – **49** Bruskows Gang D- N- (bis auf Vorderhäuser nur annähernde Kopien der abgebrochenen Vorgänger) 1975 – **54, 56** S G D+ 1986 – **58** S G D 1984 – **69** S G D+ 1997 – **71** S D- (Abbruch bis auf Straßenfassade) 1982 – **73-77** v. Höveln Gang D- (nur Außenerscheinung bewahrt) 1975 – **79** S G D 1989 – **84-86** Vorderhaus des Birgitten-Stifts N- (mißratene Nostalgie-Version des nach Bombenschaden 1942 abgebrochenen Vorgängers) 1975

Tünkenhagen, Westseite. Fast alle Zwerchhäuser haben ihre kleinen Treppengiebel nach 1800 der klassizistischen Mode opfern müssen

Wakenitzmauer
Langer, der alten Uferlinie der aufgestauten Wakenitz folgender Straßenzug zwischen Burgtor und Johanniskloster. Die einseitige traufständige Bebauung

Wahmstraße, Brauerhaus-Rückseiten. Das Ensemble Wahmstraße 33-37 ist wirtschafts- und baugeschichtlich von großer Bedeutung

4 S D 1992 – **14** S D 199• –
20/24 S D 1999 – **42** S D+
1978 – **60** S D+ 1990 – **62**, **64**
S D+ 1980/1990 – **76** S D
1999 – **108a** N- (Fassade
nicht genehmigungsfähig,
steht dennoch) 1994 – [**118** S
D- (nach Brand nur Außen-
wände erhalten, Durchbau
zum Studentenwohnheim)
1963]- **130** S D- (Verlust des
Industrie-Charakters durch
Nostalgie-Fenster) 1977 –
132 Kattundrucker Gang Hsr
2/3/5 S D 1990 – **166-182**
ehem. Maschinenfabrik 166
D (Fassade erh.), 168-182 N-
(historisierend) 1983 – **188** S
D 1985 – **204** S D+ 1989 –
206 S D+ 1979

Weberstraße ✳

Ehemals Handwerkerstraße,
heute kleine ruhige Wohn-
straße im Aegidienviertel.
Fast ganz traufständig bebaut
und wohlerhalten.
9 S D 1984 – **12** S D 1988 –
14 S D 1984 – **18** S D 1989 –
24 S D 1993

Wakenitzmauer, hier zwischen Rosenpforte und Große Gröpelgrube. In stiller, fast abseitiger Lage haben sich die traufständigen Häuser des 16. und 17. Jahrhunderts nahezu ohne größere Störungen erhalten. Das Bild wird auch hier von hellen Putzfassaden des frühen 19. Jahrhunderts bestimmt. Einige Häuser sind bereits von grundauf saniert. – Als zum historischen Bild gehörig muss man sich die sechs bis sieben Meter hohe Stadtmauer als Gegenüber der Häuser vorstellen.

gegenüber der nach 1843 abgebrochenen Stadtmauer weitgehend erhalten. Zwischen Glockengießerstraße und Weiter Lohberg auch einige größere ehemalige Gewerbebauten.

Weiter Lohberg

Traufständig bebaute kurze Verbindung zwischen Langer Lohberg und Wakenitzmauer. Die historisch überkommenen Vorgärten sind in der Altstadt einmalig.
17-19 D- (nur Teil der Fassade erhalten) 1989.

Weiterführende Literatur

Es sind nur Beiträge aufgenommen worden, die in engerem Zusammenhang mit unseren Themen Baugeschichte / Sanierung / Denkmalpflege / neue Architektur in der Lübecker Altstadt stehen. Wenn Wichtiges übersehen wurde, bitten wir um Nachsicht – und um entsprechende Nachricht!

Abkürzungen:

Dpflege 1 Denkmalpflege in Lübeck 1: Lübeck – Altstadt – Weltkulturerbe. Hrsg. Amt für Denkmalpflege Lübeck 1993. Enthält die Referate der BIRL-Tagung „Ansprüche an ein Denkmal" in der Evang. Akademie Bad Segeberg 1991.

Dpflege 2 Denkmalpflege in Lübeck 2: 10 Jahre Weltkulturerbe. Hrsg. Amt für Denkmalpflege Lübeck 1998. Enthält Beiträge über den Lübecker Markt, über Stadtgestaltung u.a.

DW   Der Wagen, Ein Lübeckisches Jahrbuch. Ab 1927. Erscheint seit 1976 nur jedes 2. Jahr.

LSAK   Lübecker Schriften zur Archäologie und Kulturgeschichte. Hrsg. Günter P. Fehring, ab 1994 Manfred Gläser.

Lüb. Bl. Lübeckische Blätter, Zeitschrift der „Gesellschaft zur Beförderung Gemeinnütziger Tätigkeit", erscheint 14-tägig.

ZVLGA   Zeitschrift des Vereins f. Lübeckische Geschichte und Altertumskunde. Erscheint jährlich.

A
Hausforschung, Archäologie

Brockow, Thomas, Die mittelalterliche Dielenausmalung im Lübecker Haus Königstraße 51. In: DW 1997/98, S. 235 ff.

Christensen, Margrit, Häuser unter einem Dach. In: Dpflege 2, S. 125 ff.

Christensen-Streckebach, Margrit und Michael Scheftel, Kleinhausbebauung in Lübeck im 16. Jahrhundert. In: ZVLGA 63, 1983. S. 145 ff.

Christensen-Streckebach, Margrit und Wolfgang Frontzek, Das Etagenmietshaus An der Untertrave 96. In: ZVLGA 65, Lübeck 1985, S. 53ff.

Dumitrache, Marianne und Monika Remann, Besiedlungsgeschichte im Lübecker „Kaufleuteviertel". In: 25 Jahre Archäologie in Lübeck (= LSAK Bd. 17), Bonn 1988, S. 108 ff.

Erdmann, Wolfgang, Entwicklungstendenzen des Lübecker Hausbaus 1100 bis um 1340 – eine Ideenskizze. In: LSAK Bd 7, Bonn 1983. S. 19 ff.

Fehring, Günter P. , Archäologie in Lübeck. Schutz und Erforschung des Weltkulturerbes. In: Lüb. Bl. 1989/11, S. 185 ff.

Fehring, Günter und Rolf Hammel, Die Topographie der Stadt Lübeck bis zum 14. Jahrhundert. In: Stadt im Wandel. Katalog zur gleichnamigen Landesausstellung Niedersachsen 1985. Hrsg. Cord Meckseper. Stuttgart-Bad Cannstatt 1985, 3. Band S. 267 ff.

Frontzek, Wolfgang, Geschichte der Brauhäuser Wahmstraße 54 und 56 in Lübeck. Privatdruck im Charles Coleman Verlag. Lübeck 1984

Gläser, Manfred (Hrsg.) Lübecker Kolloquien zur Stadtarchäologie im Hanseraum II. Der Handel. Lübeck 1999

Hammel-Kiesow, Rolf (Hrsg.), Wege zur Erforschung städtischer Häuser und Höfe (= Häuser und Höfe in Lübeck 1).Neumünster 1993. Mit Beiträgen u.a. von Rolf Hammel-Kiesow, Jens Christian Holst, Manfred Eickhölter, Sigrid Wrobel / Dieter Eckstein

Hammel-Kiesow, Rolf / Eickhölter, Manfred (Hrsg.), Ausstattungen Lübecker Wohnhäuser (= Häuser und Höfe in Lübeck 4). Neumünster 1993. Mit Beiträgen von Thomas Brockow, Rolf Gramatzki u.a.

Holst, Jens Christian, Beobachtungen zu Handelsnutzung und Geschoßbildung an Lübecker Steinhäusern des Mittelalters. In: Hausbau in Lübeck (= Jahrbuch für Hausforschung Band 35). Sobernheim 1986, S. 93 ff.

Holst, Jens Christian, Das Haus Koberg 2 in Lübeck – zur Stratigraphie eines Baudenkmals. In: Bauforschung und Denkmalpflege. Hrsg.: Johannes Cramer. Stuttgart 1987. S. 96 ff.

Holst, Jens Christian, Früher Backsteinbau in Lübeck. In: Schriften des Instituts für Bau- und Kunstgeschichte der Univ. Hannover, Band 12 (= Festschrift für Günther Kokkelink). Hannover 1999. S. 41 ff.

Holst, Jens Christian, Lübecks letzte mittelalterliche Keller. In: Lüb. Bl. 1989/7, S. 118 ff.

Kommer, Björn R. und Ulrich Pietsch, Portale und Türen in Lübeck (= Hefte zur Kunst und Kulturgeschichte der Hansestadt Lübeck 1). Erschienen zur gleichnamigen Ausstellung 1978

Kommer, Björn R., Blick ins lübsche Haus. Wohn- und Feträume des 18. und 19. Jahrhunderts (erschienen zur gleichnamigen Ausstellung, hrsg. vom Museum für Kunst und Kulturgeschichte der Hansestadt Lübeck). Lübeck 1974

Kommer, Björn R., Das Behnhaus in Lübeck. In: DW 1986, S. 69 ff.

Kommer, Björn R., Das Buddenbrookhaus in Lübeck. Geschichte, Bewohner, Bedeutung. Lübeck 1993.

Kommer, Björn R., Das Buddenbrookhaus. Wirklichkeit und Dichtung (erschienen zur gleichnamigen Ausstellung, = Hefte zur Kunst und Kulturgeschichte der Hansestadt Lübeck 6). Lübeck 1983

Kommer, Björn R., Das Hoghehus in Lübeck im 18. Jahrhundert (Vortrag über das Haus Koberg 2). Abdruck in: Lüb. Bl. 1986/13, S. 197 ff.

Kommer, Björn R., Lübecks künftige Musikhochschule – die Gebäude in der Großen Petersgrube. In: Lüb. Bl. 15/16 1977, S. 181 ff.

Legant-Karau, Gabriele und Monika Remann, Ergebnisse der Grabung Alfstraße / Fischstraße / Schüsselbuden: Eine Hofanlage aus der Frühzeit Lübecks. Mittelalterliche Mauerreste zu Füßen der Marienkirche. In: Lüb. Bl. 1989/12. S. 206 ff.

Mührenberg. Doris, (Jahres-)Bericht des Bereichs Archäologie (vormals „Amt für Archäologische Denkmalpflege", davor: „Amt für Vor- und Frühgeschichte"). ZVLGA. Der 13. Bericht erschien in Band 78, 1998.

Scheftel, Michael Gänge, Buden und Wohnkeller in Lübeck (= Häuser und Höfe in Lübeck 2). Neumünster 1988

Scheftel, Michael, Die Kammer des Herrn Bertram Stalbuc? Befunde zur Innenausstattung Lübecker Bürgerhäuser an Brandmauern aus dem späten 13. Jahrhundert. In: Archäologie des Mittelalters und Bauforschung im Hanseraum (= Festschrift für Günter P. Fehring),. Rostock 1993. S. 409 ff.

Wandmalerei in Lübeck. Artikelserie in den „Lübeckischen Blättern" 1997. In Heft 1: Annegret Möhlenkamp, Verborgene Schätze ans Licht gebracht. Heft 2: Thomas Brockow, Die Bibel an der Wand. Heft 3: Thomas Brockow, Weltliche Freude an belehrenden Bildern. Heft 5: Thomas Brockow, Blütenranken durch die Jahrhunderte. Heft 6: Manfred Eickhölter, O Gott, Wandmalerei! Kratz weg, bevor der Denkmalpfleger kommt. Heft 7: Thorsten Albrecht, Wilder Mann und Fortuna im Puppenmuseum. Heft 8: Manfred Finke. Eine Liga pro Welterbe! Heft 9: Thorsten Albrecht, Die Schöpfung in der Stube, Wandmalerei in der Wahmstraße 33. Heft 10: Thorsten Albrecht, Appartement mit Wandmalerei zu vermieten. Heft 11: Thorsten Albrecht, Kunsthistorisch wertvoll? Lübecks profane Wandmalerei des 16. und frühen 17. Jahrhunderts. Heft 12: Annegret Möhlenkamp, Wandmalerei im Lübecker Bürgerhaus – Verständnis tut not.

B
Denkmalpflege / UNESCO-Weltkultur-Erbe

Bouteiller, Michael und Bernd Dohrendorf, Weltkulturerbe in Gefahr. „Die Stadt muß begreifen, welchen Wert Denkmalpflege hier hat". Gespräch über die Abbrüche im Bereich der heutigen „Königpassage". In: Lüb. Bl. 1992/11, S. 154 ff.

Brix, Michael (Hrsg.), Lübeck. Die Altstadt als Denkmal. Zerstörung, Wiederaufbau, Gefahren, Sanierung. München 1975

Brix, Michael, Nürnberg und Lübeck im 19. Jahrhundert. München 1981

„Bürgernachrichten" (Zeitschrift), Organ der BIRL. Erscheint seit 1976 3 oder 4 mal im Jahr. Mit der Serie „UNESCO-Welterbe" ab Nr.70: Lübecker Dachwerke, 71: Brandmauern, 72: Der steinerne Grundriß; 73: Die Marienkirche; 74: Mittelalterliche Wandmalerei; 75: Lübecks erste Steinhäuser; 76: Das Dielenhaus um 1300, 77: Fassaden der Spätgotik; 78: Brauhäuser im 16. Jahrhundert; 79: Lübecks Gewölbekeller; 80: Gänge und Höfe in Lübeck, 81: Das Burgkloster

Bütow, Thomas (Hrsg.), Stadterhaltung und Stadterneuerung in Lübeck. Mit Beiträgen u.a. von Robert Knüppel, Jens Chr. Holst, Manfred Finke (= Dokumentationen 6 der Evang. Akademie Bad Segeberg) der BIRL-Tagung 1984.

Finke, Manfred und Robert Knüppel, Klaus Mai, Ulrich Büning, Historische Häuser in Lübeck. Lübeck 1989

Finke, Manfred, Lübeck pfeift auf die UNESCO. In: Lüb. Bl. 1992/5, S. 63 ff. – „Du bist zwar reich, aber du lebst nicht ewig", in: Lüb. Bl. 1992/11. (= Zu den Abbrüchen auf dem Gelände der „Lübecker Nachrichten", jetzt „Königpassage")

Finke, Manfred, 10 Jahre UNESCO-Welterbe – wie geht es weiter? In: Lüb. Bl. 1998/3, S. 38 ff

Holst, Jens Christian, Von der Evidenz des Welterbes – wo steht in Lübeck das Museumshaus für das Bauwesen der Hansezeit? (= Vortrag auf der BIRL-Tagung 10 Jahre UNESCO-Weltkulturerbe in der Ev. Akademie Bad Segeberg 1998). Abdruck in: Lüb. Bl. 1998/7, S. 101 ff.

Kommer, Björn R., Stadtverständnis und Stadtdenkmal. In: Dpflege 1. S. 87 ff.

Mörsch, Georg, Die Ansprüche der Denkmalpflege an die Sanierung. In: Dpflege 1. S. 33 ff.

Siewert, Horst H., Eine Bilanz. Zehn Jahre UNESCO-Weltkulturerbe Lübeck. In: Dpflege 2. S. 14 ff.

Wilde, Lutz und Irmgard Hunecke, (Jahres-) Bericht des Amtes für Denkmalpflege der Hansestadt Lübeck (Umbenennung in „Bereich" 1998). Von 1972 bis 1986 von Lutz Wilde; ab 1996 neu von Irmgard Hunecke. ZVLGA 1972 ff.

Zahn, Volker, Der Städtebauliche Ideenwettbewerb 1996 für Markt und Marienkirchhof. In: Dpflege 2. S. 105 ff.

C
Zerstörung 1942, Wiederaufbau nach 1945, Stadtplanung, Sanierung, neues Bauen.

Arbeitsgemeinschaft Bamberg-Lübeck-Regensburg (Hrsg.), Dokumentation 2: „Das kennen Sie ..." (Bearb. Stadtplanungsamt Lübeck). Lübeck o.J. (1975)

Arbeitsgemeinschaft Bamberg-Lübeck-Regensburg (Hrsg.), 10 Jahre Städtebauförderungsgesetz. Erfahrungen mit Stadterhaltung und Stadterneuerung in historischen Städten. Hrsg. ArGe BaLüRe 1999

Arbeitsgemeinschaft Bamberg-Lübeck-Regensburg (Hrsg.), Grundsätzliches zur Altstadtsanierung. Erkenntnisse, Aufgaben, Ziele. Regensburg o.J. (1988)

Arbeitsgruppe Sanierung und Projektgruppe Stadtsanierung, S 4 – Zieldiskussion und alternative Modelle zur Sanierung der Lübecker Innenstadt. Hrsg.: Stadtplanungsamt der Hansestadt Lübeck. Lübeck 1973

Architektur in Schleswig-Holstein – 1980. Hrsg. vom BDA, Architektenkammer und Landesamt für Denkmalpflege Schleswig-Holstein. Neumünster 1980.

Architektur in Schleswig-Holstein seit 1945. 200 Beispiele. Hrsg. von Klaus Alberts und Ulrich Höhns. Hamburg 1994

Architekturforum Lübeck (Hrsg.) Lübeck Freiräume nutzen (= Dokumentation des Workshops vom 3./4. März 2000). Lübeck 2000

Bauwelt 29/30 (Zeitschrift), Lübeck. Mit Beiträgen u.a. von Jens Chr. Holst, Dieter Hoffmann-Axthelm, Jonas Geist, Ulla Luther, Manfred Finke. Berlin 1991

Beseler, Hartwig / Niels Gutschow, Frauke Kretschmer, Kriegsschicksale deutscher Architektur. Verluste – Schäden – Wiederaufbau. Neumünster 1985. (Probelieferung: Lübeck: S. 10 ff).

Billert, Andreas (Bearb.), Arbeitsbericht 2/88. Städtebauförderung im Block 96. Hrsg.: Grundstücksgesellschaft Trave. Lübeck 1988

Billert, Andreas (Bearb.), Arbeitsbericht 1/85. Städtebauförderung im Block 90/91. Hrsg. Grundstücksgesellschaft Trave, Lübeck 1985

Deutsche Bauzeitung (db) 2/87 (Zeitschrift), Hansestadt Lübeck. Mit Beiträgen u.a. von Hans Stimmann, Uwe Hansen, Christoph Guhr / Volker Zahn, Manfred Finke. Stuttgart 1987.

Deutsches Nationalkomitee für das Europ. Denkmalschutzjahr 1975 (Hrsg.), „ 3 Beispielstädte Bamberg Lübeck Regensburg" (Nationales Ergänzungsprogramm). Berlin 1975

Durth, Werner und Niels Gutschow, Träume in Trümmern. Planungen zum Wiederaufbau zerstörter Städte im Westen Deutschlands 1940-1950. 2 Bände, Braunschweig/Wiesbaden 1988 (Lübeck: S. 811 ff.)

Edelhoff, Julius, Das denkmalpflegerische Wirken der Possehl-Stiftung. In: Lüb. Bl. 4, 5 und 6, 1981

Finke, Manfred, Der Zwang des Unabwendbaren? Aufruf zur Rettung des Hauses Obertrave 16. In: Lüb. Bl. 9, 1984

Fischer, Friedhelm, Lübeck. Kleinod im ökonomischen Windschatten. In: Neue Städte aus Ruinen. Deutscher Städtebau der Nachkriegszeit. München 1992. (Lübeck: S. 98 ff)

Geist, Jonas und Dieter Huhn, Auf den Markt muß man gehen: 10 Gebote, um Fragen zu Ende zu fragen (zur Markt-Diskussion 1995/96). In: Lüb. Bl. 1/1996

Hespeler, Otto, Altstadtverbesserung in Lübeck. In: DW 1936, S. 99 ff.

Hespeler, Otto, Der Umbau der Lübecker Salzspeicher. In: Deutsche Bauzeitung, Heft 28, 1938

Hoffmann-Axthelm, Dieter, Ein Spiegel der Stadt – Der Markt gehört nicht Lübeck allein. In: Dpflege 2. S. 101 ff.

Körber, Hans-Achim, Steht das Weltkulturerbe Lübecker Altstadt neuer Architektur im Wege? In: Dpflege 2, S. 148 ff.

Kommer, Björn R., Ein Lübecker Kulturdenkmal in Gefahr? Obertrave 16: Teil der historischen Stadtfassade. In Lüb. Bl. 8, 1984 (hier Zuschreibung von Obertrave 16 an J. Chr. Lillie)

Kommer, Björn R., Lübecks Musikhochschule nach Vollendung eines der schönsten Institute dieser Art in Europa. Vortrag, abgedruckt in: Lüb. Bl. 18, 1983

Knüppel, Robert (Hrsg), Lübeck – Wohnen in der Altstadt (Broschüre der Althaus-Sanierer-Gemeinschaft). Lübeck 1980

Kohlmorgen, Günter, Johann Füchting und Füchtings Hof in Lübeck (= Veröffentlichungen zur Geschichte der Hansestadt Lübeck, Reihe B Band 8). Lübeck 1982.

Kohlmorgen, Günter, Das Sophie- und Heinrich-Hagen-Heim. Eine neue Wohnanlage an historischer Stelle in der Kleinen Burgstraße. In: DW 1988, S. 96 ff.

Lage, Colin de, Stadtsanierung in Lübeck – ein Modellfall? In: Dpflege 1. S. 69 ff.

Lindtke, Gustav, Ist Lübeck noch zu retten? Hrsg: Gesellschaft zur Beförderung Gemeinnütziger Tätigkeit.. Broschüre. Lübeck o.J. (1972)

Lindtke, Gustav, Unsere Gänge und die Altstadtsanierung. In: Lüb. Bl. 13, 1968

„Lübeck plant und baut" , siehe Senat der Hansestadt Lübeck

Mai, Kurt, Bauen in Lübeck – Städtische Hochbauten und Kunst am Bau 1949-1969. Lübeck 1999

Pieper, Hans, Lübeck. Studien zum Wiederaufbau einer historischen Stadt. Hamburg 1946

Pieske, Christa, Land gegen Stadt: Der Verlierer ist Obertrave 16. In: Lüb. Bl. 10, 1984

„Rettet Lübeck" – eine Dokumentation. Kolloquium vom 4. und 5. Februar 1972. Hrsg. Lübecker Nachrichten

Sack, Manfred, Bauen in historischer Umgebung. In: Dpflege 1. S. 87 ff.

Schmidt, Hans-Dieter, Stadtplanung und Denkmalpflege in Lübeck. In: Michael Brix, Lübeck Die Altstadt als Denkmal. München 1975. S. 67 ff.

Schönherr, Hans, Lübeck einst und jetzt. Lübeck 1959.

Senat der Hansestadt Lübeck, Stadtplanungsamt (Hrsg.), Planungsvorschläge (Sanierungskonzepte), (= Faltblätter / Broschüren für die einzelnen Sanierungsgebiete. Z.B. Block 96 (1979), Block 80/91 (1982); Block 22 (1986) u.a. – Neue Serie des Baudezernats „Lübeck plant und baut" ab 1986: Z.B. Sanierungskonzept „Roßmühle" Block 49 (= Heft 18, 1989), Sanierungskonzept Große Burgstraße (= Heft 26, 1991), Sanierungskonzept „Krähenstraße" Block 30 (= Heft 27, 1992).

Senat der Hansestadt Lübeck – Baudezernat (Hrsg.), Gestaltung Schrangen – Warenhaus Karstadt. Architectencolloquium und Gutachterverfahren (= Lübeck plant und baut Heft 14), 1989

Senat der Hansestadt Lübeck – Baudezernat (Hrsg.), Neues Bauen in der Altstadt. Gutachterverfahren für 3 Baulücken (= Lübeck plant und baut Heft 24), 1991

Senat der Hansestadt Lübeck – Baudezernat (Hrsg.), Soziale und wirtschaftliche Auswirkungen der städtebaulichen Sanierung (= Lübeck plant und baut, Heft 37), 1992

Senat der Hansestadt Lübeck – Baudezernat (Hrsg.), 850 Jahre Geschichte Lübecks – 850 Jahre Geschichte einer Hafenstadt (= Lübeck plant und baut Heft 58), 1995

Senat der Hansestadt Lübeck – Baudezernat (Hrsg.), Lübecker Markt – Städtebaulicher Ideenwettbewerb (= Lübeck plant und baut Heft 61) 1995

Stimmann, Hans, Pläne auf Trümmern – 40 Jahre Wiederaufbauplanung 1949-1989. In: Wiederaufbau der Innenstädte Kiel, Coventry, Lübeck. Hrsg. vom Magistrat der Stadt Kiel zur gleichn. Ausstellung in Kiel 1990.

Wilde, Lutz, Bomber gegen Lübeck. Eine Dokumentation der Zerstörungen in Lübecks Altstadt beim Luftangriff im März 1942. Lübeck 1999

Zahn, Volker, Anmerkungen über den schwierigen Umgang mit einem Weltkulturerbe. (= Vortrag zur Eröffnung der Ausstellung „Leben mit alten Häusern – Rettet unsere Altstadt jetzt" im Burgkloster). Abdruck in: Lüb. Bl. 1993/5, S. 69 ff.

Zahn, Volker, Städtebauliche Leitbilder und Schlüsselprojekte für die Erhaltung und Entwicklung historischer Altstädte.In: Historische Altstädte im ausgehenden 20. Jahrhundert. Strategien zur Erhaltung und Entwicklung. Hrsg. ArGe Historischer Städte, Lübeck 1999. S. 25 ff.

D
Kirchen u.a. öffentlichen Bauten

Arbeitskreis Stadtgeschichtliches Museum, Gutachten des AK Stadtgeschichtliches Museum Burgkloster. Lübeck 1988

Dittrich, Konrad (Hrsg.), St. Petri zu Lübeck (zur Wiedereinweihung der Petrikirche in Lübeck am 12.Sept. 1987)

Fligge, Jörg, Der Mantelssaal – Restaurierung und Neugestaltung. (Der M. ist ein historischer Bestandteil der Stadtbibliothek). In: DW 1995/96, S. 92 ff.

Geist, Jonas, Versuch, das Holstentor zu Lübeck im Geiste etwas anzuheben. Berlin 1976

Grusnick, Wolfgang und Friedrich Zimmermann, Der Dom zu Lübeck. Königstein/Taunus 1989 (2.Aufl.)

Habich, Johannes, Ist der Wiederaufbau der Lübecker Marienkirche abgeschlossen? In : Lüb. Bl. 3, 1995 (zur Diskussion um den Fredenhagen-Altar)

Hasse, Max, Die Marienkirche zu Lübeck. München 1983

Hunecke, Irmgard, Die Wiederentdeckung des Namenspatrons der Jakobikirche. Angaben zur Restaurierung der Pfeilermalereien. In: Lüb. Bl. 1996, Heft 21

Jaacks, Günther H., Die abgebrochenen Sakralbauten Lübecks. In: ZLVGA Bd. 68, Lübeck 1968. S. 17 ff. (betr. St. Maria am Stegel, Burgkirche)

Jürgens, Wolfgang, Der Wiederaufbau des Lübecker Dom-Paradieses. In: Lüb. Bl. 4, 1982

Mutz, Reinhard, Der Wiederaufbau der Chorschranken von 1250 in der Sankt-Marien-Kirche zu Lübeck. In: Lüb. Bl. 1. 1996

Kruse, Karl Bernhard, Die Baugeschichte des Heiligengeist-Hospitals zu Lübeck (= LSAK Band 25, Hrsg. von Manfred Gläser). Bonn 1997

Nikolov, Russalka (Hrsg.), Das Burgkloster zu Lübeck. Mit Beiträgen von Manfred Gläser, Russalka Nikolov und Lutz Wilde. Lübeck 1992

Nörenberg, Klaus Dieter, Die Sanierung der „Alten Pastorenhäuser" von St. Jakobi und die Restaurierung der historischen Deckenmalereien. In: DW 1988, S. 39 ff.

Pieper, Klaus, Sicherung historischer Bauten. Berlin München 1983. S. 178 ff.

Schadendorf, Wulf, Das Holstentor. Lübeck o.J. (1977)

St. Marien-Bauverein (Hrsg.), Jahrbuch des St. Marien-Bauvereins. (Dokumentation des Wiederaufbaus der Marienkirche). Erscheint seit 1954 im 2-Jahres-Rhythmus

Verein der Freunde des Lübecker Doms (Hrsg.), Vom Lübecker Dom. Lübeck 1958

Wölfel, Dietrich (Hrsg.), Die gotischen Pfeilermalereien in St. Jakobi zu Lübeck. Mit Beiträgen von Irmgard Hunecke, Britta Butt und Dietrich Wölfel. Lübeck 1999 (Kirchenführer).

Zimmermann, Friedrich, Das Schicksal des Dom-Paradieses zu Lübeck. Die Geschichte der Zerstörung und des Wiederaufbaus. In: Lüb. Bl. 17 und 18, 1982

Zimmermann, Friedrich, Die Renovierung der Briefkapelle – Zwischenbericht. In: DW 1976, S. 171 ff.

Zimmermann, Friedrich, Der Wiederaufbau des Lübecker Domes. In: DW 1975; S. 49 ff.

Zimmermann, Friedrich, Zerstörung und Wiederaufbau von St. Petri. In: Lüb. Bl. 10 und 11, 1984

Zell, Eberhard, Ein Juwel der Jugendstilarchitektur. Ein Beitrag zur Baugeschichte des Lübecker Theaters. In: Lüb. Bl. 16 und 17, 1983.

Register

Bildnachweis

Gert von Bassewitz, Hamburg (über Büro Helmut Riemann): 54, 55 rechts oben und unten, 82 oben und unten, 115,

Bereich Archäologische Denkmalpflege der Hansestadt Lübeck: 46 (oben),

Bereich Denkmalpflege: 33, 67, 91, 117, 139, 155 (= Karte) sowie 38 links und rechts unten, 98 links, 100 unten, 135 rechts oben,

Bereich Stadtplanung (Baudezernat): Umschlag und Vorsatz (Luft-bild), 28 unten (aus: Lübeck plant und baut Heft 24),

Ulrich Büning: 132 unten,

BIRL-Archiv: 9 (Gerhard König?), 11 (W. Castelli), 16 unten, 113 (Thomas Helms), 126 unten, 146 rechts (Gerhard König),

Chlumsky/Peters/Hildebrandt (Büro): 69 oben und unten,

Kirchenbauamt Lübeck: 50 rechts, 61 unten, 156 oben,

ehem. Industrie-Foto Schilling Lübeck: 159 oben (aus: Architektur in Schleswig-Holstein, Neumünster 1990, S. 141),

Klaus Mai (Büro): 28 oben,

Museen für Kunst und Kulturgeschichte der Hansestadt Lübeck, Topografisches Archiv: 51, 61 oben, 62 oben, 70 unten, 101 unten links,

Ochsenfarth Werkstätten für Restaurierung: 74 rechts, 107 beide,

Nicola Petereit: 132 oben, 154 unten beide,

Papierhaus Groth: 153 unten (z. Verfügung gestellt von Herrn Andreas Groth),

Helmut Riemann (Büro): 27,

Linde und Karl Heinz Saß: 59 unten, 99 unten, 149 Mitte und unten,

Michael Scheftel: 15,

alle anderen: Manfred Finke.

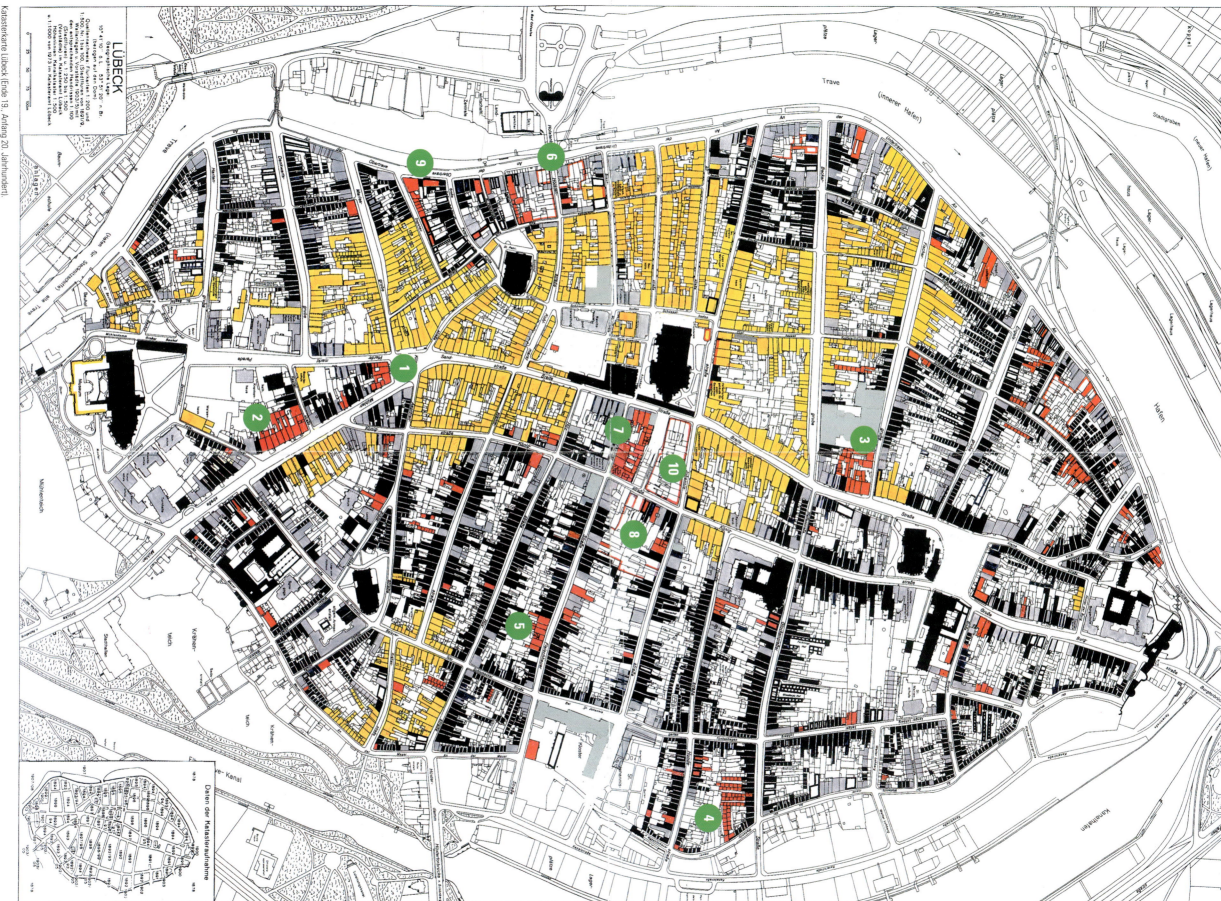

Katasterkarte Lübeck (Ende 19, Anfang 20. Jahrhundert).
Aus: Deutscher Städteatlas. Hrsg.: H. Stoob. 3. Lieferung (1984). Zu: Finke, 16mal Lübeck. Lübeck 2000.

LÜBECK

Die Lübecker Altstadt

■ Bausubstanz vor 1870, im Kern meistens 13.–16. Jahrhundert

☐ nach äußerem Erscheinungbild zwischen 1870 und 1939 entstanden

☐ 1942 abgebrannt, Ruinen abgeräumt

■ Abbruch von 1945 bis heute (mit Sicherheit ist nicht alles erfasst)

☐ Gebäude neu oder unbekannt

Die **umfangreichsten** Eingriffe in die Altstadt-Baustruktur nach 1945:

1 Klingenberg: BfG-Bürogebäude, 1960er Jahre

2 Mühlenstraße: Kaufhaus C&A, um 1968

3 Breite Straße/Fischergrube: Sparkasse neben dem Stadttheater um 1970

4 Block 13 untere Hundestraße: Flächensanierung Anfang 1970er Jahre

5 Fleischhauerstraße: Möbelhaus Frentzen. Gegenüber AOK, 1975/764

6 Untere Holstenstraße: Kaufhaus Kepa ersetzt in den 60er Jahren das
   Holstentorkaufhaus (von 1907), Holstenpassage, 1983

7 Schrangen Südseite: Kaufhaus Anny Friede um 1960, gemeinsam mit
   Karstadt 1974–1995

8 Königstraße: Königpassage auf dem Gelände der „Lübecker Nachrichten", 1993 fertig

9 Depenau: Musikhochschule, 1994 fertig

10 Breite Straße/Dr.-Julius-Leber-Straße: Karstadt-Block. Ab 1905, Neubau
   1996 fertig

Bitte beachten: diese Karte ist nicht in allen Details vollständig und genau,
weil der Zugang zu Blockbinnenhöfen und zu Häusern nicht immer möglich
war.